R.N. COUDENHOVE KALERGI

IDEALISMO PRATICO
NOBILTÀ - TECNOLOGIA - PACIFISMO

RICHARD NIKOLAUS COUDENHOVE-KALERGI
(1894-1972)

IDEALISMO PRATICO
NOBILTÀ - TECNOLOGIA - PACIFISMO

IDEALISMO PRATICO
ADEL - TECNICA - PAZIFISMO

Prima edizione nel 1925 da
PANEUROPA - VERLAG - WIEN-LEIPZIG

© Omnia Veritas Ltd - 2024

Pubblicato da
OMNIA VERITAS LTD

www.omnia-veritas.com

Tutti i diritti riservati. Nessuna parte di questa pubblicazione può essere riprodotta, memorizzata in un sistema di recupero o trasmessa in qualsiasi forma (elettronica, meccanica, di fotocopiatura, di registrazione o altro), senza la previa autorizzazione scritta del proprietario del copyright.

Dedicazione

Per Kenny

PREMESSA 11

NOBILTÀ - 1920 15

PARTE PRIMA 17
   DI UOMINI RURALI E URBANI 17
      1. UOMO RURALE - UOMO URBANO 17
      2. JUNKER - SCRITTORE 19
      3. SIGNORI - BOHÉMIEN 22
      4. INBREEDING - CROSSBREEDING 25
      5. MENTALITÀ PAGANA E CRISTIANA 29

PARTE SECONDA 34
   CRISI DELLA NOBILTÀ 34
      1. REGOLA DELLA MENTE ANZICHÉ REGOLA DELLA SPADA
      34
      2. L'ALBA DELLA NOBILTÀ 36
      3. PLUTOCRACIA 40
      4. NOBILTÀ DI SANGUE E NOBILTÀ FUTURA 44
      5. IL GIUDAISMO E LA FUTURA NOBILTÀ 48
   SGUARDO AL FUTURO 54

APOLOGIA DELLA TECNOLOGIA - 1922 57
   I. IL PARADISO PERDUTO 59
      1 LA MALEDIZIONE DELLA CULTURA 59
      2. SVILUPPO E LIBERTÀ 60
      3. SOVRAPPOPOLAZIONE E MIGRAZIONE VERSO NORD 61
      4. SOCIETÀ E CLIMA 62
      5. TENTATIVI DI LIBERAZIONE DELL'UMANITÀ 63
   II. ETICA E TECNOLOGIA 65
      1. LA QUESTIONE SOCIALE 65
      2. INADEGUATEZZA DELLA POLITICA 66
      3. STATO E OCCUPAZIONE 66
      4. ANARCHIA E TEMPO LIBERO 67
      5. SUPERAMENTO DELLO STATO E DEL LAVORO 68
      6. ETICA E TECNOLOGIA 70
   III. ASIA ED EUROPA 71
      1. ASIA ED EUROPA 71
      2. CULTURA E CLIMA 72
      3. LE TRE RELIGIONI 74
      4. ARMONIA E FORZA 75

IV. LA MISSIONE MONDIALE TECNOLOGICA DELL'EUROPA 78
1. *LO SPIRITO EUROPEO* 78
2. *LA GRECIA COME PRE-EUROPA* 78
3. *LE BASI TECNICHE DELL'EUROPA* 79
4. *CAMBIAMENTO TECNOLOGICO DEL MONDO* 81
5. *L'EUROPA COME AGENTE CULTURALE* 82
6. *LEONARDO E LA PANCETTA* 84

V. CACCIA - GUERRA - LAVORO 85
1. *POTERE E LIBERTÀ* 85
2. *CACCIA* 85
3. *GUERRA* 86
4. *LAVORO* 87
5. *LA GUERRA COME ANACRONISMO* 87
6. *TECNOLOGIA* 88

VI. CAMPAGNA TECNOLOGICA 90
1. *LA MISERIA DI MASSA DELL'EUROPA* 90
2. *POLITICA COLONIALE* 90
3. *POLITICA SOCIALE* 92
4. *RIVOLUZIONE TECNOLOGICA MONDIALE* 93
5. *L'ESERCITO DELLA TECNOLOGIA* 94
6. *LA GUERRA ELETTRICA* 95
7. *L'INVENTORE COME REDENTORE* 96

VII. OBIETTIVO FINALE DELLA TECNOLOGIA 99
1. *CULTURA E SCHIAVITÙ* 99
2. *LA MACCHINA* 100
3. *SMANTELLAMENTO DELLA GRANDE CITTÀ* 101
4. *IL PARADISO CULTURALE DEL MILIONARIO* 103

VIII. SPIRITO DELL'ERA TECNOLOGICA 106
1. *IL PACIFISMO EROICO* 106
2. *LO SPIRITO DELLA PIGRIZIA* 107
3. *BELLEZZA E TECNOLOGIA* 108
4. *EMANCIPAZIONE* 109
5. *CRISTIANESIMO E CAVALLERIA* 111
6. *IL PERICOLO BUDDISTA* 112

IX. STINNES E KRASSIN 114
1. *STATI ECONOMICI* 114
2. *IL FIASCO RUSSO* 115
3. *PRODUZIONE CAPITALISTA E COMUNISTA* 116
4. *MERCENARI E SOLDATI DEL LAVORO* 119
5. *CAPITALISMO SOCIALE - COMUNISMO LIBERALE* 120

    6. SOCIETÀ E SINDACATI 122
  X. DALLO STATO OPERAIO ALLO STATO DI CULTURA 125
    1. ADORAZIONE DEI BAMBINI 125
    2. LAVORO OBBLIGATORIO 127
    3. STATO PRODUTTORE E CONSUMATORE 129
    4. RIVOLUZIONE E TECNOLOGIA 132
    5. PERICOLI DELLA TECNOLOGIA 134
    6. IL ROMANTICISMO DEL FUTURO 136

PACIFISMO - 1924 .... **140**
  1. DIECI ANNI DI GUERRA 142
  2. CITICISMO DEL PACIFISMO 145
  3. PACIFISMO RELIGIOSO E POLITICO 148
  4. RIFORMA DEL PACIFISMO 151
  5. PACE NEL MONDO E PACE IN EUROPA 154
  6. PROGRAMMA DI PACE REALPOLITIK 159
  7. PROMUOVERE L'IDEA DI PACE 165
  8. PROPAGANDA DI PACE 168
  9. NUOVO EROISMO 174

ALTRE PUBBLICAZIONI **181**

PREMESSA

L'idealismo pratico è eroismo; il materialismo pratico è eudemonismo. Chi non crede negli ideali non ha motivo di agire in modo ideale, né di combattere o soffrire per gli ideali. Perché conoscono e riconoscono un solo valore: il piacere; un solo male: il dolore.

L'eroismo richiede fede e impegno verso l'ideale: la convinzione che esistano valori più alti del piacere e un male più grande del dolore.

Questa contraddizione attraversa tutta la storia umana; è la differenza tra epicurei e stoici. Questa differenza è molto più grande di quella tra teisti e atei: perché ci sono stati epicurei che credevano negli dei, come lo stesso Epicuro; e ci sono stati idealisti che erano atei, come Buddha.

Non si tratta quindi di credere negli dei, ma di credere nei valori. Il materialismo è incondizionato, ma privo di immaginazione e di creatività; l'idealismo è sempre problematico e spesso si intreccia con l'insensatezza e la follia: tuttavia, l'umanità deve ad esso le sue opere e le sue azioni più grandi.

L'eroismo è la nobiltà dell'ethos. L'eroismo è strettamente legato all'ideale aristocratico, così come il materialismo lo è a quello democratico. Anche la democrazia crede più nel numero che nel valore, più nella fortuna che nella grandezza. Pertanto, la democrazia politica può diventare feconda e creativa solo quando distrugge la pseudo-aristocrazia del nome e della ricchezza e dà eternamente vita a una nuova aristocrazia della mente e dell'ethos.

Il fine ultimo della democrazia politica è quindi: la democrazia spirituale, che vuole creare piacere per i materialisti e potere per gli idealisti.

Il leader sostituirà il governante, lo spirito nobile sostituirà il nome nobile, il cuore ricco sostituirà la tasca ricca. Questo è il significato del progresso che si chiama democrazia.

Qualsiasi altro significato sarebbe un suicidio culturale.

Non è quindi una coincidenza che Platone, il profeta dell'aristocrazia intellettuale, sia stato allo stesso tempo il padre dell'economia socialista e anche il padre della visione idealistica del mondo.

Entrambi, aristocrazia e socialismo, sono idealismo pratico.

L'idealismo ascetico del Sud si manifestò nella religione; l'idealismo eroico del Nord nella tecnologia.

Perché la natura del Nord era una sfida per l'uomo. Le altre tribù hanno ceduto; gli europei hanno accettato la sfida e hanno combattuto. Combatterono finché non furono abbastanza forti da sottomettere la terra: combatterono finché non costrinsero la natura stessa che li aveva sfidati a servirli.

Questa lotta richiedeva eroismo e ha generato eroismo. Così, per l'Europa l'eroe divenne ciò che il santo era per l'Asia; il culto dell'eroe completò il culto dei santi.

L'ideale dell'azione prese il posto dell'ideale della devozione, e si ritenne che fosse più importante combattere per un ideale che soffrire.

Il significato di questa eroica missione mondiale è stato colto dall'Europa solo in epoca moderna, perché è solo con l'epoca moderna che inizia la sua era tecnologica, la guerra di liberazione contro l'inverno. Questa età tecnologica è anche l'età del lavoro. Il lavoratore è l'eroe della nostra epoca; il suo opposto non è il cittadino, ma lo scroccone. L'obiettivo del lavoratore è creare, quello dello scroccone è consumare.

Pertanto, la tecnologia è l'eroismo moderno e il lavoratore è un idealista pratico.

Il problema politico e sociale del 20th secolo è: mettersi al passo con il progresso tecnologico del 19th secolo. Questa sfida dei tempi è estremamente difficile perché la tecnologia continua a svilupparsi a un ritmo più veloce dello sviluppo dell'uomo e dell'umanità. Questo pericolo può essere scongiurato o rallentando il progresso tecnologico o accelerando il progresso sociale. Altrimenti, l'umanità perderà l'equilibrio e si capovolgerà. La guerra mondiale è stata un avvertimento. La tecnologia offre all'umanità una scelta: suicidio o accordo.

Lo sviluppo del mondo nei prossimi decenni sarà senza precedenti. L'attuale squilibrio dell'organizzazione tecnologica e sociale porterà o a catastrofi distruttive o a uno sviluppo politico che si lascerà rapidamente e completamente alle spalle tutti i modelli del passato e aprirà una nuova pagina della storia umana.

Poiché la tecnologia apre nuove strade allo slancio umano e all'eroismo, la guerra comincia a svolgere il suo ruolo storico nella coscienza umana. Il suo successore è il lavoro. Un giorno l'umanità si organizzerà e strapperà alla terra tutto ciò che oggi ci nega. Non appena questo concetto sarà realizzato, ogni guerra sarà una guerra civile e ogni uccisione un omicidio. L'epoca della guerra sembrerà allora altrettanto barbara di quella attuale del cannibalismo.

Questo sviluppo avverrà se ci crederemo e lotteremo per esso; se non saremo così miopi da perdere di vista lo sviluppo, né così lungimiranti da trascurare i percorsi pratici e gli ostacoli che si frappongono tra noi e i nostri obiettivi: se saremo lucidi e sapremo chiaramente come superare le prossime lotte e difficoltà con la nostra volontà eroica.

Solo questo ottimismo della volontà può completare e sconfiggere il pessimismo della conoscenza.

Invece di rimanere nella morsa di un presente superato e di sognare opportunità migliori, vogliamo partecipare attivamente allo sviluppo del mondo attraverso un idealismo pratico.

Vienna,

Novembre 1925

NOBILITÀ-1920

*In memoria di mio padre,
Dr. Heinrich Conte Coudenhove-Kalergi
con ammirazione e gratitudine*

PARTE PRIMA

DI UOMINI RURALI E URBANI

1. UOMO RURALE-URBANO

La campagna e la città sono i due poli dell'esistenza umana. La campagna e la città producono il loro umano speciale: la persona rurale e quella urbana.

Le popolazioni rurali e quelle urbane sono psicologicamente opposte. I contadini di zone diverse si assomigliano emotivamente, spesso più di quanto si assomiglino gli abitanti della città vicina. Tra fattoria e fattoria, tra città e città c'è lo spazio, tra città e fattoria il tempo. Tra le popolazioni rurali europee vivono i rappresentanti di ogni epoca: dall'età della pietra al Medioevo, mentre solo le città metropolitane dell'Occidente, che hanno prodotto la tipologia urbana più estrema, sono rappresentative della civiltà moderna. Secoli, spesso millenni, separano la grande città dai terreni agricoli che la circondano.

L'uomo di città pensa in modo diverso, giudica in modo diverso, sente in modo diverso, agisce in modo diverso dall'uomo di campagna. La vita delle grandi città è astratta, meccanica, razionale; la vita rurale è concreta, organica, irrazionale. L'uomo di città è razionale, scettico, critico, mentre l'uomo di campagna è emotivo, religioso, superstizioso.

Tutto ciò che l'uomo rurale pensa e sente è incentrato sulla natura; vive in simbiosi con l'animale, la creatura vivente di Dio; è un tutt'uno con il suo paesaggio, dipendente dal tempo e dalle stagioni. Il punto focale dell'anima urbana, invece, è la società; vive in simbiosi con le macchine, creazioni morte dell'uomo; attraverso di esse, l'uomo urbano si rende il più possibile indipendente dal tempo e dallo spazio, dalla stagione e dal clima.

L'uomo rurale crede nella forza della natura sull'uomo, l'uomo urbano crede nella forza dell'uomo sulla natura. L'uomo rurale è un prodotto naturale, l'uomo urbano un prodotto sociale; uno vede lo scopo, la misura e la meta del mondo nel cosmo, l'altro nell'umanità.

L'uomo rurale è conservatore come la natura stessa, l'uomo urbano è progressista come la società. Tutto il progresso si basa sulle città e sulla gente di città. Lo stesso abitante della città è di solito il prodotto di una rivoluzione all'interno di una generazione che ha rotto con la sua tradizione rurale, si è trasferita nella grande città e ha iniziato a viverci su nuove basi.

La città sottrae ai suoi abitanti il godimento della bellezza della natura; in compenso offre loro le arti. Teatro, concerti, gallerie sono surrogati della bellezza eterna e mutevole del paesaggio. Dopo una giornata di lavoro piena di brutture, questi istituti d'arte offrono agli urbani la bellezza in forma concentrata. In campagna sono superflui. La natura è la manifestazione estesa, l'arte quella intensiva della bellezza.

Il rapporto tra l'uomo urbano e la natura, che gli manca, è governato dal desiderio, mentre la natura è sempre appagante per l'uomo rurale. Pertanto, l'uomo urbano la percepisce come romantica, l'uomo rurale come classica. La morale sociale (cristiana) è un fenomeno urbano: perché è una funzione della convivenza umana, della società. Il tipico abitante della città combina la morale cristiana con il suo scetticismo irreligioso, il materialismo razionalistico e l'ateismo meccanico. La visione del mondo che ne deriva è il socialismo: la religione moderna della città moderna.

Il cristianesimo è poco più di una reinterpretazione del paganesimo con una mitologia modificata e nuove superstizioni per i barbari rurali d'Europa; una vera religione è la fede nella natura, nel potere, nel destino.

Le popolazioni urbane e rurali non si conoscono; pertanto, diffidano e si fraintendono a vicenda e vivono in velata o aperta ostilità. Sono molte le parole d'ordine sotto le quali si nasconde questa opposizione di fondo: internazionalismo rosso e verde; industrialismo e agraria; progresso e reazione; ebraismo e antisemitismo.

Tutte le città traggono la loro forza dalla campagna; la campagna trae la sua cultura dalla città. La campagna è il terreno da cui le città si rinnovano, la fonte che le alimenta, la radice da cui fioriscono. Le città crescono e muoiono: la campagna è eterna.

2. JUNKER-SEGNALE

La gloria dell'uomo rurale è il nobile, il rigattiere. La gloria dell'uomo di città è l'intellettuale, lo scrittore.

Sia la campagna che la città hanno generato la loro specifica nobiltà: volontà nobile contro spirito nobile, sangue nobile contro mente nobile. Il tipico rottamatore combina un massimo di carattere con un minimo di intelletto, il tipico scrittore un massimo di intelletto con un minimo di carattere.

Non sempre e ovunque mancava l'intelletto nobiliare, o il carattere intellettuale; come nell'Inghilterra moderna, al tempo dei Minnesinger la nobiltà di sangue era un elemento culturale di spicco in Germania; mentre, d'altro canto, la nobiltà cattolica dei gesuiti e quella cinese dei mandarini dimostrarono di avere tanto carattere quanto intelletto nel loro periodo di massimo splendore.

Il divario tra la popolazione rurale e quella urbana raggiunge l'apice nella figura del rigattiere e dello scrittore. L'occupazione tipica del rottamatore è quella di ufficiale; l'occupazione tipica dell'intellettuale è quella di giornalista.

L'ufficiale junker è rimasto, psicologicamente e mentalmente, al livello di cavaliere. Duro con se stesso e con gli altri, doveroso, energico, fermo, conservatore e di mentalità ristretta, vive in un mondo di pregiudizi dinastici, militaristi, nazionali e sociali. Con una profonda diffidenza verso tutto ciò che è moderno, contro la grande città, la democrazia, il socialismo, il globalismo, ha una profonda fede nel gruppo sanguigno, nell'onore e nella visione del mondo dei suoi padri. Disprezza gli urbanisti, soprattutto gli scrittori ebrei.

Lo scrittore precorre i tempi; rappresenta senza pregiudizi le idee moderne in politica, nell'arte, nella scienza. È progressista, scettico, arguto, versatile, mutevole; è eudaemonista, razionalista, socialista, materialista. Sopravvaluta la mente, sottovaluta il corpo e il carattere: per questo disprezza il rottamatore come un barbaro arretrato.

La natura del rottamatore è la forza di volontà, quella dello scrittore è l'agilità della mente. Junker e scrittore sono rivali e nemici nati: quando la classe nobile governa, l'intelletto deve cedere alla violenza; in questi tempi reazionari, l'influenza politica degli intellettuali è spenta, o almeno limitata. Quando è la classe intellettuale a governare, la violenza deve cedere alla mente: la democrazia trionfa sul feudalesimo, il socialismo sul militarismo.

L'odio tra l'aristocrazia della volontà e l'aristocrazia della mente in Germania affonda le sue radici nell'incomprensione. Ognuno vede solo il lato in ombra dell'altro ed è cieco alle sue virtù. L'anima dell'aristocratico rurale rimane sempre nascosta anche agli intellettuali di alto rango, mentre l'anima dello scrittore urbano rimane estranea a quasi tutti gli aristocratici. Invece di imparare l'uno dall'altro, un giovane tenente guarda con disprezzo le menti di spicco della letteratura moderna, mentre il peggior giornalista prova solo disprezzo per gli ufficiali di spicco. Dapprima, grazie a questo doppio equivoco, i tedeschi militaristi hanno sottovalutato la resistenza delle masse urbane contro la guerra, e poi i tedeschi rivoluzionari hanno sottovalutato la resistenza delle masse rurali contro la rivoluzione. I leader rurali hanno giudicato male la psiche dei contadini e la loro tendenza al reazionarismo: così, la Germania ha perso prima la guerra e poi la rivoluzione.

Questa differenza tra l'uomo rurale e quello urbano è data dal fatto che entrambi i tipi sono estremi, e non al vertice dell'aristocrazia del sangue e della mente. Infatti, la manifestazione più alta dell'aristocrazia del sangue è il distinto gentiluomo; quella dell'aristocrazia della mente è il genio. Queste due aristocrazie non solo sono compatibili, ma sono anche imparentate. Cesare, il perfetto gran signore, era anche il romano più brillante; Goethe, l'apice del genio, era il gran signore per eccellenza di tutti i poeti tedeschi. Qui, come ovunque, le classi medie divergono maggiormente, mentre le classi superiori sono identiche.

L'aristocratico ideale è allo stesso tempo nobiltà di volontà e di mente, ma non è né un rottamatore né uno scrittore. Combina la visione del mondo con la forza di volontà, il giudizio con l'azione, la mente con il carattere. Se non esistono queste personalità sintetiche, gli aristocratici divergenti della volontà e della mente dovrebbero completarsi a vicenda invece di combattersi. In Egitto, India, Caldea, un tempo sacerdoti e re (intellettuali e guerrieri) governavano insieme. I sacerdoti si piegavano al potere della volontà, i re a quello della mente: le menti indicavano la strada, le braccia la percorrevano.

3. GENTILUOMINI-BOHÉMIEN

La nobiltà di sangue e la nobiltà d'animo europee hanno creato ciascuna il proprio tipo di persona: L'aristocrazia di sangue inglese ha creato il gentleman; l'aristocrazia mentale francese è il bohémien.

Gentiluomo e bohémien si incontrano nel tentativo di sfuggire alla desolata bruttezza della loro esistenza borghese: il gentiluomo ci riesce attraverso lo stile, il bohémien attraverso il temperamento. Il gentiluomo dà forma alla vita informe, il bohémien dà colore alla vita incolore.

Il gentiluomo porta ordine nel caos delle relazioni, il bohémien porta libertà.

L'ideale di bellezza del gentiluomo si basa sulla forma, sullo stile e sull'armonia; è statico, classico, apollineo. L'ideale di bellezza del bohémien si basa sul temperamento, sulla libertà, sulla vitalità: è dinamico, romantico, dionisiaco.

Il gentiluomo idealizza e stilizza la sua ricchezza, il bohémien idealizza e stilizza la sua povertà.

Il gentiluomo si basa sulla tradizione, il bohémien sulla protesta. L'essenza del gentleman è conservatrice, quella del bohémien è rivoluzionaria. La madre del "gentleman-ideale" è l'Inghilterra, la nazione più conservatrice d'Europa. La culla del "bohémien" è la Francia, la nazione più rivoluzionaria d'Europa.

L'ideale del gentiluomo va oltre l'Inghilterra, fino allo stoicismo romano; l'ideale della bohème va oltre la Francia, fino all'agorà greca. Gli statisti romani sono del tipo gentiluomo, i filosofi greci del tipo bohémien; Cesare e Seneca erano gentiluomini, Socrate e Diogene erano bohémien.

L'obiettivo del gentiluomo è fisico-psicologico, quello del bohémien è spirituale; il gentiluomo può essere uno sciocco, il bohémien un criminale.

Entrambi gli ideali sono fenomeni di cristallizzazione umana; come il cristallo può formarsi solo in un ambiente instabile, così entrambi devono la loro esistenza alle libertà in Inghilterra e in Francia.

Nella Germania imperiale mancava questa atmosfera di cristallizzazione delle personalità: pertanto, non poteva sviluppare un simile ideale. Ai tedeschi mancava lo stile del gentiluomo, il temperamento del bohémien, la grazia e la morbidezza di entrambi.

Poiché il tedesco non poteva trovare nella sua realtà alcuna forma di stile di vita ideale, cercò l'essenza tedesca nella poesia; come ideale fisico-psicologico trovò il giovane Sigfrido, come ideale spirituale il vecchio Faust.

Entrambi gli ideali erano romantici e inopportuni: in una distorsione della realtà, l'ideale romantico di Sigfrido divenne l'ufficiale prussiano, il tenente; l'ideale romantico di Faust divenne lo studioso tedesco, il professore. Invece di essere organici, erano ideali meccanici: l'ufficiale rappresenta la meccanizzazione della psiche: il Siegfried meccanico; il professore il Faust meccanico.

La Germania di Guglielmo era più orgogliosa dei suoi ufficiali e professori che di qualsiasi altra classe. In essi vedeva la gloria della nazione, come l'Inghilterra nei suoi leader politici e come le nazioni romane nei loro artisti.

Se la nazione tedesca vuole evolversi, deve rivedere i suoi ideali: la sua energia deve andare oltre l'unilateralità militarista e allargarsi alla diversità politico-sociale; la sua mente deve andare oltre la pura scientificità e allargarsi alla sintesi del "poeta-pensatore".

Il 19th secolo ha dato al popolo tedesco due uomini di grande stile, che hanno incarnato queste aspirazioni a una *germanità* superiore: Bismarck, l'eroe dell'azione; Goethe, l'eroe della mente.

Bismarck rinnova, approfondisce e anima lo sdolcinato ideale di Siegfried - Goethe rinnova, approfondisce e anima il polveroso ideale di Faust.

Bismarck possedeva le qualità positive dell'ufficiale tedesco, senza i suoi difetti; Goethe possedeva le qualità del tedesco colto, senza i suoi difetti. In Bismarck, la superiorità dello statista supera la limitatezza dell'ufficiale; in Goethe la superiorità del poeta-pensatore supera i limiti dell'intellettuale: in entrambi l'ideale organico della personalità supera quello meccanico, l'uomo supera il burattino.

Con la sua personalità esemplare, Bismarck ha fatto di più per lo sviluppo della Germania che fondando il *Reich* (Impero); con la sua esistenza elevata (olimpica), Goethe ha dato al suo Paese più che con il suo *Faust*: perché *Faust* è, come *Goetz*, *Werther*, *Meister* e *Tasso*, solo un frammento dell'essere di Goethe.

La Germania, tuttavia, dovrebbe stare attenta a non rovinare e abbattere questi due ideali rendendoli troppo comuni: non fare di Bismarck un sergente e di Goethe un maestro di scuola.

La Germania potrebbe crescere e guarire grazie a questi due geni tedeschi; potrebbe imparare da loro la grandezza attiva e contemplativa, la produttività e la saggezza. Bismarck e Goethe sono infatti i due punti focali attorno ai quali potrebbe nascere un nuovo stile di vita tedesco, all'altezza degli ideali occidentali.

4. INCROCIO TRA CONSANGUINEI

Di solito, l'uomo rurale è il prodotto di una consanguineità, quello urbano di una razza mista.

I genitori e i nonni di un contadino di solito provengono dalla stessa zona scarsamente popolata; il nobile proviene dalla stessa classe superiore della stessa zona scarsamente popolata. In entrambi i casi, gli antenati sono legati tra loro da vincoli di sangue e sono quindi simili fisicamente, psicologicamente e mentalmente. Di conseguenza, trasmettono ai loro figli e discendenti i loro tratti comuni, le tendenze della volontà, le passioni, i pregiudizi e le inibizioni in misura ancora maggiore. Le caratteristiche essenziali che derivano da questa consanguineità sono: lealtà, pietà, senso della famiglia e della casta, coerenza, testardaggine, vigore, chiusura mentale; più pregiudizi, meno obiettività e un orizzonte ristretto. Ecco una generazione che non è una variazione della precedente, ma semplicemente una duplicazione. La conservazione al posto dell'evoluzione.

Nella grande città si incontrano razze e classi. Di norma, gli abitanti delle città sono di razza mista e appartengono a diversi gruppi sociali e nazionali. In loro, i tratti caratteriali, i pregiudizi, le inibizioni, le tendenze della volontà e le visioni del mondo dei genitori e dei nonni vengono eliminati, o almeno indeboliti. Il risultato è che i meticci spesso integrano la loro mancanza di carattere, la mancanza di inibizioni, la debolezza della volontà, l'incoerenza, l'empietà e la slealtà con l'obiettività, la versatilità, l'irrequietezza mentale, la libertà dai pregiudizi e un orizzonte più ampio. I meticci sono sempre diversi dai loro genitori e nonni; ogni generazione è una variazione della precedente, sia in termini di evoluzione che di degenerazione.

L'uomo consanguineo è sempre un'anima unica, l'uomo meticcio è un'anima multipla. In ogni individuo, i suoi antenati vivono come elementi della sua anima: se si assomigliano, la sua anima è uniforme; se sono diversi, l'uomo è diverso, complicato, distinto.

La grandezza di una mente sta nella sua estensività, cioè nella sua capacità di afferrare e abbracciare tutto; la grandezza di un carattere dipende dalla sua profondità, cioè dalla sua capacità di volere, in modo intenso e unipolare. In un certo senso, saggezza e inquietudine sono in contraddizione.

Quanto più pronunciata è la capacità e la tendenza di una persona a vedere saggiamente le cose da tutti i lati e senza pregiudizi, tanto più debole è di solito la sua volontà di agire impulsivamente e in modo parziale: perché ogni motivo è messo in discussione da un contromotivo, ogni credenza dallo scetticismo e ogni azione dalla comprensione della sua insignificanza cosmica. Solo l'uomo prevenuto e con una sola mente può essere efficace. Ma non esiste solo una ristrettezza mentale inconscia e ingenua, ma anche una ristrettezza mentale consapevole ed eroica. L'uomo eroico con una sola mente - e a questo tipo appartengono tutti i veri grandi uomini d'azione - di tanto in tanto spegne tutti i lati del suo essere, tranne quello necessario all'azione. Può essere oggettivo, critico, scettico e attento prima o dopo l'azione, ma è soggettivo, fedele, gretto e ingiusto durante l'azione.

La saggezza inibisce l'azione, l'azione nega la saggezza. La volontà più forte è inefficace se non ha una direzione; anche una volontà debole scatena l'effetto più forte, se è focalizzata.

Non c'è vita d'azione senza torto, errore, colpa: chi ha paura dell'animosità, rimane nel regno del pensiero, della tranquillità, della passività. Le persone sincere sono sempre silenziose: perché ogni affermazione è, in un certo senso, una menzogna, un peccato; le persone pure di cuore sono sempre inattive, perché ogni azione è, in un certo senso, sbagliata. Ma è coraggioso parlare a rischio di mentire, agire a rischio di sbagliare.

La consanguineità rafforza il carattere, ma indebolisce la mente. La mescolanza indebolisce il carattere, ma rafforza la mente. Quando la consanguineità e la mescolanza di razze sono favorevoli, danno origine al tipo umano più elevato, che combina il carattere più forte con la mente più acuta. Quando la consanguineità e la mescolanza delle razze sono sfavorevoli, danno luogo a un tipo degenerato, con un carattere debole e una mente ottusa.

L'uomo del futuro sarà un meticcio. Le razze e le caste di oggi saranno vittime del crescente superamento dello spazio, del tempo e dei pregiudizi. La razza eurasiatica-negroide del futuro, simile nelle sue caratteristiche agli antichi egizi, sostituirà la diversità delle nazioni con una diversità di "personalità". Secondo le leggi dell'ereditarietà, la varietà dei discendenti nasce dalla varietà degli antenati e l'uniformità dei discendenti dall'uniformità degli antenati. Nelle famiglie monorazza, un figlio assomiglia all'altro: perché tutti rappresentano un tipo di famiglia comune. Nelle famiglie di razza mista i figli sono diversi l'uno dall'altro: ognuno di essi costituisce una nuova variazione dei diversi elementi parentali e ancestrali.

La consanguineità produce un tipo caratteristico, la mescolanza di razze produce personalità originali.

Il predecessore della razza planetaria del futuro nell'Europa moderna è il russo, in quanto razza mista slava, tatara e finlandese; perché, tra tutti i cittadini europei, è quello che ne ha meno di ogni altra razza, ed è la tipica persona multianima con un'anima ampia, ricca e onnicomprensiva.

Il suo opposto più forte è il britannico isolato, la persona con un'anima sola altamente radicata, la cui forza risiede nel carattere, nella volontà e nella tipicità. L'Europa moderna deve a lui il tipo più riservato e completo: il gentleman.

5. MENTALITÀ PAGANA E CRISTIANA

Due tipi di anime si contendono il dominio del mondo: il paganesimo e il cristianesimo. Con le denominazioni che portano questi nomi, queste anime hanno solo rapporti superficiali. Se si sposta l'accento dal dogmatico all'etico e dal mitologico allo psicologico, il buddismo si trasforma in ultracristianesimo, mentre l'"americanismo" appare come un paganesimo modernizzato. L'Oriente è il principale portatore di mentalità cristiana, l'Occidente il principale portatore di mentalità pagana; i pagani cinesi sono meglio cristiani dei tedeschi cristiani.

Il paganesimo pone al vertice della scala etica l'energia, il cristianesimo l'amore. L'ideale cristiano è il santo amorevole, quello pagano l'eroe vittorioso. Il cristianesimo vuole trasformare l'homo ferus in homo domesticus, e l'uomo-predatore in uomo-animale, mentre il paganesimo vuole rendere l'uomo "superuomo". Il cristianesimo vuole addomesticare un leone per farne un gatto domestico - il paganesimo vuole allevare un gatto per farne una tigre.

Il principale araldo del cristianesimo moderno è stato Tolstoi; il principale predicatore del paganesimo moderno, Nietzsche.

L'antica religione germanica era puro paganesimo. È sopravvissuta sotto una maschera cristiana: nel Medioevo come cavalleria, in epoca moderna come ideologia imperialista e militarista. Ufficiali, rigattieri, coloni e capitani d'industria sono i principali rappresentanti del paganesimo moderno. Forza, coraggio, grandezza, libertà, potere, fama e onore: questi sono gli ideali del paganesimo, mentre l'amore, la gentilezza, l'umiltà, la compassione e l'abnegazione sono gli ideali cristiani. L'antitesi: paganesimo-cristianesimo non coincide con l'antitesi: rurale-urbano, né con: consanguineità-misto di razze. Ma senza dubbio la barbarie rurale e la consanguineità favoriscono lo sviluppo di una civiltà pagana, e la mescolanza delle razze lo sviluppo di una mentalità cristiana.

In generale, l'individualismo pagano è possibile solo in zone scarsamente popolate della terra, dove l'individuo può prosperare e svilupparsi in modo avventato, senza inimicarsi immediatamente i suoi simili. Nelle aree sovrappopolate, dove le persone vivono a stretto contatto l'una con l'altra, il principio sociale del sostegno reciproco deve integrare e, in parte, sostituire la lotta individuale per la sopravvivenza.

Il cristianesimo e il socialismo sono prodotti cosmopoliti. Il cristianesimo, in quanto religione mondiale, ha preso le mosse dalla variegata città cosmopolita di Roma; il socialismo dalle città industriali multinazionali dell'Occidente. Entrambe le manifestazioni della mentalità cristiana si basano sull'internazionalismo. La resistenza al cristianesimo proveniva dalle popolazioni rurali (pagane); proprio come oggi, la popolazione rurale è la più forte resistenza alla realizzazione di uno stile di vita socialista.

Le aree settentrionali, scarsamente popolate, sono sempre state i centri della forza di volontà pagana, mentre le aree meridionali, densamente popolate, erano i luoghi del sentimento cristiano. Quando oggi si parla di differenza tra spiritualità orientale e occidentale, di solito non si intende altro che la differenza tra i popoli del sud e del nord. I giapponesi, in quanto orientali più settentrionali, sono spesso più "occidentali"; mentre la mentalità degli italiani del sud e dei sudamericani è più "orientale". Per lo stato dell'anima, la latitudine sembra essere più decisiva del grado di longitudine.

Non solo la posizione geografica: anche lo sviluppo storico ha un'influenza determinante sull'anima di una nazione. I cinesi, così come gli ebrei, si sentono più cristiani delle nazioni germaniche, perché le loro culture sono più antiche. I popoli germanici sono più vicini nel tempo all'uomo primitivo di quanto non lo siano i cinesi o gli ebrei; queste due antiche civiltà hanno potuto emanciparsi più profondamente dal modo di vivere pagano-naturale perché hanno avuto almeno tremila anni in più per farlo. Il paganesimo è un sintomo di giovinezza culturale, il cristianesimo un sintomo di magistero culturale.

Tre nazioni: Greci, Romani ed Ebrei hanno conquistato, ciascuno a suo modo, il mondo culturale antico. Prima i greci estetico-filosofici: nell'ellenismo; poi i romani pratico-politici: nell'impero romano; e gli ebrei etico-religiosi: nel cristianesimo.

Il cristianesimo, reso etico dagli Esseni ebrei (Giovanni) e intellettuale dagli Alessandrini ebrei (Filone), era un giudaismo ricostruito. Se l'Europa è cristiana, è (in senso etico-spirituale) ebraica; se l'Europa è morale, è ebraica. Quasi tutta l'etica europea è radicata nel giudaismo. Tutti i precursori della morale cristiana religiosa o irreligiosa, da Agostino a Rousseau, Kant e Tolstoj, erano ebrei per scelta, in senso spirituale. Nietzsche è l'unico non ebreo, l'unico etico pagano in Europa. I più importanti e sicuri rappresentanti delle idee cristiane, che nella loro rinascita moderna si chiamano pacifismo e socialismo, sono ebrei.

In Oriente, i cinesi sono la nazione etica per eccellenza (in contrapposizione ai giapponesi estetico-eroici e agli indiani religioso-speculativi), in Occidente sono gli ebrei. Dio era il capo di Stato degli antichi ebrei, la loro legge morale era un codice civile, il peccato era un crimine.

Il giudaismo è rimasto fedele all'idea teocratica di identificare la politica con l'etica nel corso dei millenni: il cristianesimo e il socialismo sono entrambi tentativi di stabilire un Regno di Dio. Due millenni fa, i primi cristiani, non i farisei e i sadducei, ereditarono e fecero rivivere le tradizioni di Mosè; oggi non sono né i sionisti né i cristiani, ma i leader ebrei del socialismo: perché anche loro vogliono sradicare, con grande abnegazione, il peccato originale del capitalismo, e liberare l'umanità dall'ingiustizia, dalla violenza e dalla schiavitù, e trasformare il mondo espiato in un paradiso terrestre.

Per questi profeti ebrei, che stanno preparando una nuova epoca mondiale, l'etica è primaria in tutte le cose: politica, religione, filosofia e arte. Da Mosè a Otto Weininger, l'etica è stata la questione principale della filosofia ebraica. In questo atteggiamento etico verso il mondo risiede la radice della grandezza unica del popolo ebraico e, allo stesso tempo, il pericolo che gli ebrei che perdono la loro fede nell'etica, cadano in un cinico egoismo: mentre altri anche dopo la perdita dell'etica, conservano un patrimonio di valori e pregiudizi cavallereschi (uomo d'onore, gentiluomo, cavaliere, ecc.) che li salvaguardano dalla caduta nel caos valoriale.

Ciò che separa gli ebrei dalla media dei cittadini urbani è principalmente il fatto che sono consanguinei. La forza di carattere combinata con un intelletto acuto predestina gli esemplari più eccellenti di ebrei a diventare leader dell'umanità, aristocratici spirituali falsi o reali, protagonisti del capitalismo o della rivoluzione.

PARTE SECONDA

CRISI DI NOBILTÀ

1. LA REGOLA DELLA MENTE INVECE DELLA REGOLA DELLA SPADA

La nostra epoca democratica è un misero interludio tra due grandi epoche aristocratiche: l'aristocrazia feudale della spada e l'aristocrazia sociale della mente. L'aristocrazia feudale è in declino, l'aristocrazia intellettuale è in ascesa. L'interim si chiama democrazia, ma è governato dalla pseudo-aristocrazia del denaro.

Nel Medioevo, in Europa, il cavaliere rurale dominava sul cittadino urbano, la mentalità pagana su quella cristiana e la nobiltà di sangue su quella di mente. La superiorità del cavaliere sul cittadino si basava sulla forza del corpo e del carattere, sul potere e sul coraggio.

Due invenzioni conquistarono il Medioevo, aprendo la nuova era: l'invenzione della polvere da sparo significò la fine del dominio cavalleresco e l'invenzione della stampa l'inizio del dominio intellettuale. Con l'introduzione delle armi da fuoco, la forza e il coraggio persero la loro importanza nella lotta per la sopravvivenza: la mente, nella lotta per il potere e la libertà, divenne l'arma preferita.

La stampa diede alla mente un potere di portata illimitata: l'umanità che scriveva si spostò al centro di un'umanità che leggeva, elevando così lo scrittore a leader intellettuale delle masse. Gutenberg diede alla penna il potere che (Georg) Schwarz aveva tolto alla spada. Con l'aiuto dell'inchiostro da stampa, Lutero ha conquistato un impero più grande di tutti gli imperatori tedeschi.

Nell'epoca del dispotismo illuminato, i governanti e gli statisti obbedivano alle idee dei pensatori. Gli autori dell'epoca costituivano l'aristocrazia intellettuale d'Europa. La vittoria dell'assolutismo sul feudalesimo significò la prima vittoria della città sulla campagna rurale e, allo stesso tempo, la prima tappa della corsa alla vittoria della nobiltà d'animo, la caduta della nobiltà di spada. Al posto della dittatura medievale della campagna sulla città è arrivata la dittatura moderna della città sulla campagna.

Con la rivoluzione francese, che pose fine ai privilegi della nobiltà di sangue, iniziò la seconda epoca dell'emancipazione intellettuale. La democrazia si basa sulla premessa ottimistica che una nobiltà d'animo possa essere riconosciuta ed eletta dalla maggioranza popolare.

Ora siamo alle soglie della terza epoca dell'età moderna: il socialismo. Anch'esso si basa sulla classe urbana dei lavoratori industriali, guidata dall'aristocrazia degli autori rivoluzionari.

L'influenza della nobiltà di sangue sta diminuendo, mentre quella della nobiltà intellettuale sta crescendo.

Questo sviluppo, e il caos della politica moderna, finiranno solo quando un'aristocrazia intellettuale si impadronirà delle risorse di potere della società: munizioni, oro e inchiostro, e le userà a beneficio di tutti.

Un passo decisivo verso questo obiettivo è il bolscevismo russo, dove un piccolo gruppo di aristocratici intellettuali comunisti governa una nazione e rompe deliberatamente con la democrazia plutocratica che oggi domina il resto del mondo.

La lotta tra capitalismo e comunismo per l'eredità della nobiltà di sangue sconfitta è una guerra civile tra la nobiltà mentale vincitrice, una guerra tra individualismo e socialismo, egoismo e altruismo, spirito pagano e cristiano. Lo stato maggiore di entrambi i partiti è stato reclutato dalla classe dirigente mentale d'Europa: gli ebrei. Capitalismo e comunismo sono entrambi razionali, entrambi meccanici, entrambi astratti, entrambi urbani. La nobiltà della spada è definitivamente tramontata. L'effetto della mente, il potere della mente, la fede nella mente e la speranza nella mente crescono e con essi una nuova nobiltà.

2. L'ALBA DELLA NOBILTÀ

Nel corso dei tempi moderni, la nobiltà del sangue è stata avvelenata dall'atmosfera del cortile, la nobiltà della mente dal capitalismo.

Dalla fine dell'epoca dei cavalieri, l'alta nobiltà dell'Europa continentale, con piccole eccezioni, si trova in uno stato di progressiva decadenza. Con l'urbanizzazione, ha perso il suo vantaggio fisico e mentale.

All'epoca del feudalesimo, la nobiltà di sangue era chiamata a proteggere la propria terra dagli attacchi del nemico e dal rovesciamento del sovrano. Il nobile era libero e sicuro di sé nei confronti di subordinati, pari e superiori;

come un re nella sua tenuta, la sua personalità poteva svolgersi secondo i principi cavallereschi.

L'Assolutismo cambiò questa situazione: la nobiltà che resisteva, libera, orgogliosa e coraggiosa, insistette sui propri diritti storici e fu per la maggior parte sradicata; il resto fu trascinato alla corte del re e costretto a una splendente servitù. Questa nobiltà di corte non era libera e dipendeva dai capricci del sovrano e della sua cabala; così, perse i suoi attributi migliori: carattere, libertà, orgoglio, leadership. Per spezzare il carattere e quindi la resistenza della nobiltà francese, Luigi XIV la attirò a Versailles; la grande rivoluzione fu riservata al completamento della sua opera: tolse i diritti residui della nobiltà che aveva abbandonato e perso i propri beni. Solo le nazioni europee mantennero una guida nobile, dove la nobiltà - fedele alla sua missione cavalleresca - fu leader e combattente dell'opposizione nazionale contro il dispotismo e la supremazia monarchica: Inghilterra, Ungheria, Polonia, Italia.

Dalla trasformazione della cultura europea da cavalleresca-rurale a civica-urbana, la nobiltà di sangue rimase indietro in termini intellettuali rispetto ai cittadini comuni. La guerra, la politica e la gestione dei suoi possedimenti erano così impegnative che le loro capacità mentali e i loro interessi erano spesso bloccati.

A queste cause storiche di una nuova alba della nobiltà si aggiunsero quelle fisiologiche. Al posto del duro servizio militare medievale, la nuova era portò alla nobiltà una vita di lusso per lo più disoccupata; grazie alla ricchezza ereditata, la nobiltà passò dall'essere lo status più a rischio a quello più sicuro; inoltre, vi furono le influenze degenerative di un'esagerata consanguineità, che la nobiltà inglese evitò accoppiandosi frequentemente con cittadini comuni. Grazie all'effetto combinato di queste circostanze, il tipo fisico, psicologico e spirituale dell'aristocratico è decaduto.

La nobiltà intellettuale non è stata in grado di sostituire la nobiltà di sangue, perché anch'essa è in crisi e in decadenza. La democrazia è nata da un dilemma: non perché la gente non volesse la nobiltà, ma perché non ne trovava. Non appena si costituirà una nuova, vera nobiltà, la democrazia scomparirà da sola. L'Inghilterra, che possedeva una vera nobiltà, è rimasta aristocratica, nonostante la sua costituzione democratica.

La nobiltà d'animo accademica tedesca, un secolo fa leader dell'opposizione all'assolutismo e al feudalesimo e pioniera delle idee moderne e liberali, è ora caduta nel mirino dei reazionari, nemici del rinnovamento mentale e politico. Questa pseudo-nobiltà d'animo in Germania è stata un sostenitore del militarismo durante la guerra e un difensore del capitalismo durante la rivoluzione. I loro slogan guida: nazionalismo, militarismo, antisemitismo, alcolismo, sono anche slogan nella lotta contro la mente. L'intellighenzia accademica ha giudicato male, negato e tradito la sua missione responsabile: sostituire la nobiltà feudale e preparare una nobiltà di mente.

Anche l'intellighenzia giornalistica ha tradito la sua missione di leadership. Chiamata a diventare la guida intellettuale e l'insegnante delle masse, a integrare e migliorare ciò che un sistema scolastico arretrato aveva tralasciato e violato, si è degradata a schiava del capitale, a creatrice di gusti in politica e nell'arte. Il suo carattere si è spezzato sotto la pressione di rappresentare e difendere gli interessi degli estranei piuttosto che i propri, e il suo spirito è diventato banale a causa della sovrapproduzione richiesta dal lavoro.

Come l'oratore dell'antichità, il giornalista dell'era moderna si trova al centro della macchina governativa: lui muove gli elettori, gli elettori muovono i delegati, i delegati muovono i ministri. È così che la massima responsabilità di ogni evento politico ricade sul giornalista; ed è lui, nella tipica maniera urbana senza spina dorsale, a sentirsi libero da ogni obbligo e responsabilità.

La scuola e la stampa sono i due punti da cui il mondo potrebbe essere reso nuovo e nobile senza spargimento di sangue o violenza. La scuola nutre o avvelena l'anima di un bambino; la stampa nutre o avvelena l'anima di un adulto. La scuola e la stampa sono oggi nelle mani di un'intellighenzia non intellettuale: rimetterle nelle mani dell'intelletto dovrebbe essere il compito più alto della politica ideale e della rivoluzione ideale.

Le dinastie regnanti in Europa sono decadute a causa della consanguineità; le dinastie dei plutocrati a causa di una vita di lusso. La nobiltà di sangue è degenerata perché è diventata serva della monarchia; la nobiltà di mente è degenerata perché è diventata serva del capitale.

Entrambe le aristocrazie hanno dimenticato che ogni privilegio, ogni premio, ogni posizione eccezionale comporta una responsabilità. Hanno dimenticato il motto della vera aristocrazia: "noblesse oblige!". Hanno scelto di godere dei frutti del loro vantaggio senza le loro responsabilità; si vedono come signori e superiori, non come leader ed esempi per i loro simili. Invece di mostrare alla nazione nuovi orizzonti e aprire la strada, hanno lasciato che i governanti e i capitalisti li trasformassero in strumenti per i loro interessi: in cambio di lusso, onore e denaro, hanno venduto la loro anima, il loro sangue e la loro mente.

La vecchia nobiltà di sangue e la nobiltà mentale hanno perso il diritto di essere chiamate aristocrazia, perché mancano di tutti i segni della vera aristocrazia: carattere, libertà, responsabilità. Hanno tagliato i legami che avevano con le nazioni, attraverso lo snobismo sociale da un lato e lo snobismo educativo dall'altro.

È in un senso di nemesi storica che il grande diluvio che proviene dalla Russia ripulirà il mondo in modo cruento o incruento dagli usurpatori, che vogliono mantenere le loro posizioni privilegiate, pur avendo perso da tempo i loro presupposti mentali.

3. PLUTOCRACIA

Al punto più basso della nobiltà di sangue e di mente, non sorprende che una terza classe di persone abbia temporaneamente preso il potere: i plutocrati. La forma di costituzione che sostituì il feudalesimo e l'assolutismo fu la democrazia; la forma di governo, la plutocrazia. Oggi la democrazia è una facciata della plutocrazia: poiché le nazioni non tollererebbero una forma pura di plutocrazia, sono stati concessi loro poteri nominali, mentre il potere reale è nelle mani dei plutocrati. Nelle democrazie repubblicane come in quelle monarchiche, gli statisti sono burattini, i capitalisti sono i burattinai; dettano le linee guida della politica, governano acquistando l'opinione pubblica degli elettori e, attraverso relazioni professionali e sociali, i ministri.

Al posto della struttura feudale della società è subentrata la plutocrazia; la nascita non è più il fattore decisivo per il rango sociale, ma il reddito. La plutocrazia di oggi è più potente dell'aristocrazia di ieri: perché nessuno è al di sopra di essa se non lo Stato, che è il suo strumento e il suo aiutante.

Quando c'era ancora una vera nobiltà di sangue, il sistema dell'aristocrazia per nascita era più equo di quello dell'aristocrazia del denaro di oggi: perché allora la casta dominante aveva senso di responsabilità, cultura e tradizione, mentre la classe che governa oggi è priva di senso di responsabilità, cultura e tradizione. Rare eccezioni non negano questo fatto.

Mentre la visione del mondo del feudalesimo era eroico-religiosa, la società plutocratica non conosce valore superiore al denaro e al lusso: il valore di una persona è valutato da ciò che possiede, non da ciò che è.

Tuttavia, i leader della plutocrazia stanno costruendo un senso di aristocrazia, di selezione: per accumulare grandi ricchezze, infatti, sono necessarie una serie di eccellenti caratteristiche personali: slancio, prudenza, intelligenza, lucidità, prontezza di riflessi, iniziativa, audacia e generosità. Grazie a queste virtù, gli imprenditori di successo sono legittimati come moderni conquistatori la cui volontà superiore e i cui poteri intellettuali vincono sulle masse di concorrenti inferiori.

Questa superiorità dei plutocrati vale solo all'interno della loro classe di professionisti, ma scompare quando questi superbi guadagnatori di denaro vengono confrontati con i superbi rappresentanti delle professioni "ideali". Quindi è giusto che un industriale o un venditore competente salga materialmente e socialmente più in alto dei suoi colleghi meno competenti, ma non è giusto che abbia più potere e influenza sociale di un artista, un accademico, un politico, un autore, un insegnante, un giudice o un medico, che è ugualmente capace nella sua professione, ma le cui capacità servono a obiettivi "ideali" e sociali: la mentalità egoistica-materialistica attuale viene premiata più in alto di quella altruistica-idealistica.

Il male fondamentale di una struttura sociale capitalistica sta nel favorire l'egoismo rispetto all'altruismo e il materialismo rispetto all'idealismo; mentre i veri aristocratici della mente e del cuore, i saggi e i gentili, vivono nella povertà e nell'impotenza, gli esseri umani egoisti e violenti usurpano le loro posizioni.

Così, la plutocrazia è aristocrazia nel senso dell'energia e dell'intelletto e pseudo-aristocrazia in senso etico e spirituale; dal punto di vista della classe operaia è aristocrazia, dal punto di vista delle professioni più ideali è pseudo-aristocrazia.

Come l'aristocrazia del sangue o della mente, anche l'aristocrazia della ricchezza è attualmente in fase di decadenza. I figli e i nipoti dei magnati dell'economia che hanno raggiunto il potere dal nulla grazie alla loro volontà e al loro lavoro, si rilassano nel lusso e nell'ozio. Molto raramente la spinta paterna viene ereditata o sublimata in creatività mentale o ideale. Alle famiglie plutocratiche mancano la tradizione e la visione del mondo, nonché lo spirito conservatore/rurale che ha preservato per secoli le famiglie nobili dall'estinzione. I deboli successori raccolgono l'eredità dei padri senza essere dotati della volontà e dell'intelletto con cui è stata creata. Potere e desiderio entrano in conflitto e minano la legittimità interna del capitalismo. Il progresso storico ha accelerato questa naturale decadenza. La nuova plutocrazia dei commercianti che sta emergendo grazie al boom economico della guerra sta soppiantando e sostituendo la plutocrazia degli uomini d'affari. Mentre la prosperità della nazione aumenta con l'arricchimento degli uomini d'affari, diminuisce con l'arricchimento dei commercianti. Gli uomini d'affari sono leader dell'industria, i commercianti sono parassiti. L'industrialismo è produttivo, la sindrome del commerciante è un capitalismo improduttivo.

L'attuale boom economico facilita il guadagno di persone senza scrupoli, disinibite e irresponsabili. Per la speculazione e i profitti dei commercianti, la fortuna e la spietatezza sono più essenziali della volontà e della mente. L'attuale concessionaria-plutocrazia assomiglia più a una kakistocrazia del carattere che a un'aristocrazia delle grandi capacità. Attraverso i confini sempre più labili tra impresa e racket, il capitalismo viene compromesso e abbattuto davanti al forum della mente e in pubblico. Nessuna aristocrazia può durare senza autorità morale. Quando la classe dirigente smette di essere un simbolo di valori etici ed estetici, il suo crollo è inevitabile.

La plutocrazia è, rispetto alle altre aristocrazie, povera di valori estetici. Svolge le funzioni politiche dell'aristocrazia, senza offrire nessuno dei valori culturali della nobiltà. Ma la ricchezza è sopportabile solo vestita di bellezza, e si giustifica solo come portatrice di una cultura estetica. Invece, la nuova plutocrazia si veste di desolata insipidezza e sfacciata bruttezza: la sua ricchezza è arida e ripugnante.

La plutocrazia europea, a differenza di quella americana, trascura la sua missione etica quanto quella estetica: i benefattori sociali di grande stile sono rari quanto i mecenati. Invece di riconoscere nel capitalismo sociale lo scopo della loro esistenza (unire i frammentati patrimoni nazionali per opere generose di un'umanità creativa), i plutocrati si sentono giustificati nella loro maggioranza oppressiva, a costruire irresponsabilmente ricchezza sulle spalle delle masse miserabili. Sono sfruttatori dell'umanità, anziché fiduciari, fuoriclasse anziché leader.

Attraverso questa mancanza di cultura estetica ed etica, la plutocrazia crea odio e disprezzo nell'opinione pubblica e nei suoi leader. Se non si immedesima, deve cadere.

La rivoluzione russa significa l'inizio della fine di questa epoca storica. Nonostante la sconfitta di Lenin, la sua ombra dominerà il XX secolo come la rivoluzione francese, nonostante la sua caduta, ha dominato il XIX: feudatari e assolutisti non si sarebbero dimessi volontariamente nell'Europa continentale; lo fecero per paura che si ripetessero i terrori contro l'aristocrazia e il re francesi. Sarà più facile per la spada di Damocle bolscevica ammorbidire i cuori dei plutocrati e rendere disponibili i finanziamenti sociali che il Vangelo di Cristo in duemila anni.

4. NOBILTÀ DI SANGUE E NOBILTÀ FUTURA

La nobiltà è definita dalla bellezza fisica, spirituale e mentale; una bellezza di completa armonia e di energia spirituale: chi riesce a superare l'ambiente circostante in questo senso è un aristocratico.

Il vecchio tipo di aristocratico si sta estinguendo; il nuovo tipo non è ancora stato costruito, e il periodo intermedio è povero di grandi personalità: persone belle, nobili e sagge. Invece, i successori della nobiltà che sta affondando usurpano le forme morte della vecchia aristocrazia e le riempiono con i contenuti di miseri borghesi. La forte forza vitale della vecchia aristocrazia è passata ai successori: ma a questi mancano la forma, la nobiltà e la bellezza.

Il tempo non deve disperare per l'idea di nobiltà o per il futuro della nobiltà. Se l'umanità deve marciare in avanti, abbiamo bisogno di leader, insegnanti, guide; questi sono esempi di ciò che l'umanità vuole diventare, i pionieri della futura elevazione a sfere più alte. Senza nobiltà non c'è evoluzione. La politica eudemonistica può essere democratica, quella evolutiva deve essere aristocratica. Per elevarsi e marciare, sono necessarie delle mete: per raggiungerle servono persone, ma per fissarle e condurle servono aristocratici.

L'aristocrazia come leader è un concetto politico; l'aristocrazia come modello è un concetto "ideale". Il requisito più alto è che l'aristocrazia coincida con la nobiltà e la leadership con i modelli di ruolo: che le persone perfette diventino leader.

Dalla maggioranza dell'umanità in Europa che crede solo nei numeri, nella maggioranza, si distinguono due razze di qualità: la nobiltà di sangue e l'ebraismo. Separate l'una dall'altra, entrambe credono nella loro vocazione superiore, nel loro sangue superiore e nella differenza delle razze. In queste due razze superiori eterogenee risiede il cuore della futura nobiltà europea: la nobiltà di sangue feudale, nella misura in cui non viene corrotta dalla corte, e la nobiltà di mente ebraica, se non viene corrotta dal denaro. Tra i cittadini di un futuro migliore, rimangono alcuni aristocratici rurali morali e di alto rango e una piccola forza combattente dell'intelligenza rivoluzionaria. La comunità diventa il simbolo di Lenin, l'uomo di bassa nobiltà rurale, e di Trotzki, la figura letteraria ebraica: qui si conciliano gli opposti di carattere e di spirito, di rigattiere e di scrittore, di rurale e di urbano, di pagano e di cristiano e si crea un'aristocrazia rivoluzionaria.

Basterebbe un piccolo passo avanti mentale per arruolare i migliori elementi della nobiltà di sangue al servizio di questa nuova liberazione umana. Il loro coraggio tradizionale, la loro mentalità antiborghese e anticapitalista li predestina a questa posizione, così come la loro responsabilità, il disprezzo per i vantaggi materialistici, la loro volontà stoica, l'integrità e l'idealismo. Se condotte su sentieri spirituali e liberi, le forti energie nobiliari che finora hanno sostenuto i reazionari possono essere rigenerate e generare tipi di leader che combinano volontà rigida, grande spirito e altruismo; e unirsi alle file dei rappresentanti ringiovaniti della nobiltà d'animo, per liberare e migliorare l'umanità.

In Europa, per secoli la politica è stata un privilegio dei nobili. L'alta nobiltà ha creato una classe politica internazionale in cui venivano coltivati i talenti diplomatici. Per molte generazioni, la nobiltà di sangue europea vive in un'atmosfera politica da cui i cittadini comuni sono tenuti lontani. Nelle loro grandi proprietà private, l'aristocrazia ha imparato l'arte di governare, di trattare le persone e, nelle posizioni di comando del governo, di trattare le nazioni. La politica è un'arte, non una scienza; si basa sull'istinto, non sul cervello. Sul subconscio, non sulla coscienza. Il talento politico può essere risvegliato e coltivato, non imparato. Il genio infrange ogni regola, ma la nobiltà è più ricca di talenti politici rispetto ai cittadini comuni. Perché basta una vita per acquisire la conoscenza, ma ci vogliono molte generazioni per acquisire gli istinti. Nelle scienze e nelle arti il cittadino comune eccelle sui nobili, ma in politica è il contrario. Ecco perché anche nell'Europa democratica la politica estera è delegata ai rampolli dell'alta nobiltà. È nell'interesse dello Stato utilizzare per il bene comune i talenti politici ereditari che l'aristocrazia ha assorbito per secoli. Il talento politico dell'alta nobiltà può essere ricondotto alla sua forte discendenza. Questa razza nazionale allarga l'orizzonte e contrasta i cattivi risultati della consanguineità: la maggior parte degli aristocratici inferiori combina gli svantaggi della consanguineità, come la mancanza di carattere e la povertà spirituale, mentre nelle rare, alte forme di nobiltà si incontrano gli aspetti positivi: carattere e spirito.

Dal punto di vista intellettuale, c'è una differenza abissale tra l'estrema destra (nobiltà di sangue conservatrice) e l'estrema sinistra (nobiltà d'animo), mentre il carattere di questi apparentemente opposti è molto simile. Ma tutte le questioni intellettuali e coscienti sono in superficie, mentre le cose che riguardano il carattere e l'inconscio si trovano nel profondo della personalità. La conoscenza e le opinioni sono più facili da acquisire e da cambiare rispetto al carattere e alla volontà.

Lenin e Ludendorff sono opposti negli ideali politici, ma fratelli nella volontà. Se Ludendorff fosse cresciuto in un ambiente rivoluzionario con studenti russi, come Lenin, avrebbe assistito all'esecuzione del fratello da parte dei boia imperiali. Probabilmente lo vedremmo alla guida della Russia rossa. Se Lenin fosse stato cresciuto in un'accademia militare prussiana, sarebbe potuto diventare un super-Ludendorff. Ciò che separa questi due personaggi simili è il loro intelletto. La debolezza di Lenin sembra eroica e consapevole, quella di Ludendorff sembra ingenua e inconsapevole. Lenin non è solo un leader, ma sembra anche spirituale; un Ludendorff spirituale, per così dire.

Lo stesso parallelo può essere fatto tra altri due rappresentanti dell'estrema destra e sinistra: Friedrich Adler e Graf Arco. Entrambi furono assassinati per idealismo e martiri per le loro convinzioni. Se Adler fosse vissuto nell'ambiente militarista-reazionario della nobiltà di sangue tedesca e Arco in quello socialista-rivoluzionario degli aristocratici austriaci, la pallottola di Arco avrebbe ucciso il primo ministro Sturgkh e quella di Adler il primo ministro Eisner. Perché sono fratelli, separati dalla differenza dei loro pregiudizi inculcati, e legati dal loro carattere eroico e altruista. Anche qui, la differenza è intellettuale (Adler è spirituale), non nella purezza dei loro pensieri. Se si elogia il carattere di uno, non si può minimizzare l'altro, come fanno tutti in questi giorni.

Dove c'è maggiore vitalità, c'è il futuro. L'élite dei contadini, gli aristocratici rurali, hanno (se sono rimasti in salute), attraverso una simbiosi millenaria con la natura viva e vivificante, raccolto e immagazzinato un patrimonio di forze vitali. Se la nuova educazione riuscisse a sublimare queste energie vitali potenziate nell'intelletto, allora forse l'aristocrazia del passato potrebbe svolgere un ruolo significativo nella creazione dell'aristocrazia del futuro.

5. IL GIUDAISMO E LA FUTURA NOBILTÀ

I principali portatori della nobiltà d'animo corrotta e non corrotta: capitalismo, giornalismo, letteratura, sono gli ebrei. Essi sono predestinati, grazie alla loro superiorità intellettuale, ad avere un'influenza principale sui futuri aristocratici.

Uno sguardo alla storia del popolo ebraico spiegherà il vantaggio nella battaglia per la guida dell'umanità. Duemila anni fa, gli ebrei erano una comunità religiosa composta da individui etici e spirituali provenienti da tutte le nazioni antiche, con il loro centro nazionale ebraico in Palestina. Anche allora, ciò che li univa era soprattutto la religione, non la nazione. Nel corso dei primi mille anni, si unirono a loro convertiti provenienti da tutte le nazioni, l'ultimo dei quali fu il re, i nobili e i cittadini di Khazaria, nella Russia meridionale. Da quel momento in poi, la comunità religiosa ebraica si unì come nazionalità artificiale e si oppose a tutte le altre.

Attraverso indicibili persecuzioni, l'Europa cristiana ha cercato di estinguere la nazione ebraica per mille anni. Il risultato è stato che gli ebrei deboli di volontà, senza scrupoli, opportunisti o scettici sono stati battezzati per sfuggire alle persecuzioni senza fine. Altri ebrei che non erano intelligenti, furbi o inventivi, morirono a causa delle dure condizioni.

Ciò che alla fine emerse da tutte queste persecuzioni fu una piccola comunità temprata dall'eroico martirio per un'idea e purificata da tutte le debolezze e le cattive qualità mentali. Invece di distruggere l'ebraismo, l'Europa ha fatto crescere contro la sua conoscenza, attraverso una selezione naturale artificiale, la nazione leader del futuro. Non c'è quindi da stupirsi che questa nazione, discendente dei prigionieri del ghetto, stia diventando l'aristocrazia della mente in Europa. La gentile provvidenza ha gentilmente dato all'Europa, attraverso l'emancipazione degli ebrei, una nuova razza di aristocratici della mente, quando l'aristocrazia feudale è decaduta.

Il primo esempio di questa crescente aristocrazia del futuro fu il nobile rivoluzionario ebreo Lassalle, che combinava in larga misura bellezza fisica, carattere di nobile coraggio e acutezza di mente: aristocratico nel senso più vero e più alto del termine, era un leader nato e una guida del suo tempo.

L'ebraismo non è la nuova nobiltà, ma è il grembo da cui nasce una nuova nobiltà intellettuale, il nucleo attorno al quale si raggruppa una nuova nobiltà intellettuale. Si sta formando una "razza padronale" intellettuale-urbana: idealisti, spirituali, finemente sintonizzati, giusti e sinceri, coraggiosi come gli aristocratici feudali nei loro giorni migliori, che accettano volentieri la morte e la persecuzione, l'odio e il disprezzo, al fine di rendere l'umanità più morale, più spirituale e più felice.

Gli eroi e i martiri ebrei della rivoluzione dell'Europa orientale e centrale non sono meno coraggiosi, duraturi o idealisti degli eroi non ebrei della guerra mondiale, ma li superano intellettualmente. L'essenza di questi uomini e donne che cercano di liberare e rinnovare l'umanità è una strana sintesi di elementi religiosi e politici: martirio eroico, propaganda intellettuale, vigore rivoluzionario e amore sociale per la giustizia e la compassione. Queste caratteristiche, che un tempo li hanno resi i creatori del movimento mondiale cristiano, li pongono oggi ai vertici del movimento socialista.

Con entrambi questi tentativi di salvezza (spirituale e morale) l'ebraismo ha regalato alle masse diseredate d'Europa più ricchezza di qualsiasi altra nazione. Così come l'ebraismo moderno ha più uomini importanti pro capite delle altre nazioni: appena un secolo dopo la sua liberazione, questa piccola nazione si trova con Einstein ai vertici della scienza moderna; Mahler ai vertici della musica moderna; Bergson ai vertici della filosofia moderna; Trotsky ai vertici della politica moderna. La posizione di rilievo che l'ebraismo occupa oggi la deve solo alla sua mente superiore, che gli permette di avere successo contro una concorrenza di rivali enormemente favoriti, odiosi e invidiosi. L'antisemitismo moderno è una delle tante reazioni dell'ordinario contro lo straordinario; è una forma moderna di ostracismo di un'intera nazione. Come nazione, l'ebraismo vive l'eterna lotta tra quantità e qualità, tra gruppi inferiori e individui superiori, tra maggioranze inferiori e minoranze superiori.

Le radici dell'antisemitismo sono da ricercare nella grettezza e nell'invidia: grettezza religiosa o economica; invidia intellettuale o economica.

Poiché gli ebrei sono emersi da una comunità religiosa internazionale, piuttosto che da una razza locale, sono la nazione con il maggior numero di sangue misto; poiché si sono allontanati dalle altre nazioni per mille anni, sono anche la nazione con il maggior numero di consanguinei. Gli eletti tra loro combinano, come l'alta nobiltà, la forza di volontà con la forza dell'intelletto, mentre un altro gruppo di ebrei combina i difetti della consanguineità con i difetti della mescolanza di razze: una mancanza di carattere mista a chiusura mentale. Qui troviamo la più santa abnegazione accanto all'egoismo individuale, e l'idealismo più puro accanto al materialismo grossolano. Qui si segue la regola: più una nazione è mista, meno i cittadini si assomigliano e meno è possibile costruire un unico tipo di razza.

Dove c'è luce, ci sono ombre. Le famiglie con geni mostrano una percentuale maggiore di familiari malati di mente rispetto alla media; questa regola vale anche per le nazioni. Non solo gli aristocratici della mente di domani, ma anche gli spacciatori-kakistocratici di oggi reclutano soprattutto ebrei, affilando così le armi dell'antisemitismo.

Mille anni di schiavitù hanno tolto agli ebrei, con poche eccezioni, la sensazione di essere la razza padrona. L'oppressione costante inibisce lo sviluppo della personalità: toglie l'elemento principale dell'ideale estetico di nobiltà. La maggior parte degli ebrei soffre di questa mancanza psicologica e fisica, ed è la ragione principale per cui gli europei sono istintivamente contrari a riconoscere gli ebrei come una razza nobile.

Il risentimento di cui è afflitto l'ebraismo gli conferisce molta tensione vitale, ma gli toglie la nobile armonia. L'esagerata consanguineità combinata con l'iperurbanità del loro passato di ghetto ha avuto come conseguenza tratti di decadenza fisica e psicologica. Ciò che le menti degli ebrei hanno guadagnato, i loro corpi lo hanno perso; ciò che i cervelli degli ebrei hanno guadagnato, il loro sistema nervoso lo ha perso.

Gli ebrei soffrono di ipertrofia cerebrale, che è l'opposto di ciò che richiede lo sviluppo di una personalità nobile. La debolezza fisica e nervosa di molti ebrei intellettualmente superiori porta a una mancanza di coraggio fisico (legato al più alto coraggio morale) e all'insicurezza nelle prestazioni, tratti che sono ancora incompatibili con l'ideale cavalleresco degli uomini nobili.

La razza padrona intellettuale degli ebrei soffre delle caratteristiche di una razza schiava che hanno acquisito nel loro sviluppo storico: ci sono ancora leader ebrei che mostrano la postura e i gesti dello schiavo oppresso. Nei loro gesti, gli aristocratici inferiori sembrano più nobili dell'ebreo più eccellente. Questi difetti si sono sviluppati nell'evoluzione e scompariranno nell'evoluzione. Rendere gli ebrei più rurali (obiettivo principale del sionismo), unito all'educazione fisica, libererà gli ebrei da ogni residuo di ghetto che ancora si portano dentro. Il fatto che ciò sia possibile dimostra l'evoluzione degli ebrei americani. La libertà e il potere reali conquistati dagli ebrei saranno presto seguiti dalla postura e dai gesti di persone libere e potenti.

Non solo gli ebrei cambieranno in direzione dell'ideale nobiliare occidentale, ma anche l'ideale nobiliare occidentale subirà un cambiamento che incontrerà l'ebraismo a metà strada. Nell'Europa pacifica del futuro, la nobiltà toglierà il suo carattere bellicoso e lo sostituirà con quello intellettuale-sacerdotale. Un mondo occidentale pacifista e socialista non avrà bisogno di signori e governanti, ma solo di leader, educatori e idoli. In un'Europa orientale, l'aristocratico del futuro assomiglierà più a un bramano e a un funzionario cinese che a un cavaliere.

OUTLOOK

L'aristocratico del futuro non sarà né feudale né ebreo, né borghese né proletario: sarà sintetico. Le razze e le classi di oggi scompariranno, le personalità rimarranno.

Solo attraverso la mescolanza con il sangue migliore, i tratti vitali dell'ex nobiltà feudale saliranno a nuove vette; solo attraverso la riproduzione con i migliori europei non ebrei, l'elemento ebraico della futura nobiltà raggiungerà il suo pieno potenziale. Al popolo eletto del futuro, una nobiltà rurale fisicamente ben allevata potrà donare corpi e gesti perfetti, mentre una nobiltà urbana altamente istruita aggiungerà abilità mentale, occhi e mani pieni di anima.

La nobiltà del passato è stata costruita sulla quantità: la nobiltà feudale, sul numero dei suoi antenati; la plutocrazia sul numero dei suoi milioni. La nobiltà del futuro dipenderà dalla qualità: dal valore personale, dalla perfezione personale, dalla perfezione del corpo, dell'anima e dell'intelletto.

Oggi, alle porte di una nuova era, la nobiltà casuale sostituisce la nobiltà ereditaria; invece di una razza nobile, individui nobili. Umani la cui combinazione casuale di sangue li eleva a un tipo ideale.

Da questa nobiltà casuale di oggi emergerà la nuova razza nobile internazionale e intersociale di domani. Tutto ciò che è eccezionale per bellezza, potenza, energia e intelletto si riconoscerà e si unirà secondo le leggi segrete dell'*attrazione erotica*. Quando le barriere artificiali costruite dal feudalesimo e dal capitalismo cadranno, gli uomini più importanti attireranno le donne più belle e le donne più importanti attireranno gli uomini più perfetti. Più un uomo è perfetto fisicamente, psicologicamente e mentalmente, maggiore sarà il numero di donne tra cui potrà scegliere. Solo gli uomini più nobili potranno scegliere le donne più nobili e viceversa: gli inferiori dovranno accontentarsi degli inferiori. Lo stile di vita erotico per l'inferiore e il medio sarà il "libero amore", per il superiore il "libero matrimonio": "libero matrimonio". La razza della futura nobiltà non nascerà dalle norme artificiali delle classi umane, ma dalle leggi divine dell'eugenetica erotica.

La selezione naturale della perfezione umana prenderà il posto della selezione artificiale del feudalesimo e del capitalismo.

Il socialismo, che ha iniziato abolendo la nobiltà e livellando l'umanità, raggiungerà il culmine nell'allevamento della nobiltà e nella differenziazione dell'umanità. Qui, nell'eugenetica sociale, si trova la sua missione più alta, che il socialismo non ha ancora realizzato: passare dall'ingiusta disuguaglianza attraverso l'uguaglianza all'uguaglianza delle disuguaglianze, dalle rovine di ogni pseudo-aristocrazia a una vera, nuova nobiltà.

APOLOGIA DELLA TECNOLOGIA- 1922

Motto: L'*etica è l'anima della nostra cultura, la tecnologia il suo corpo: mens sana in corpore sano!*

I. IL PARADISO PERDUTO

1 LA MALEDIZIONE DELLA CULTURA

La cultura ha trasformato l'Europa in un manicomio e la maggior parte delle persone in lavoratori forzati. L'uomo della cultura moderna vive in modo più misero di un animale selvatico. Gli unici esseri viventi che fanno ancora più pena sono gli animali domestici, perché sono ancora meno liberi.

L'esistenza di un bufalo nella giungla, di un condor sulle Ande, di uno squalo nell'oceano è incredibilmente più bella, più libera e più felice di quella di un operaio europeo che, giorno dopo giorno, ora dopo ora, incatenato a una macchina, esegue movimenti inorganici della mano per non morire di fame.

Nella preistoria, l'uomo era anche un essere felice, un animale felice. Viveva in libertà, come parte della natura tropicale che lo nutriva e lo riscaldava. La sua vita consisteva nel soddisfare le sue pulsioni. Si godeva la vita fino a quando non incontrava una morte naturale o violenta. Era libero, viveva nella natura invece che nello Stato, giocava invece di lavorare: per questo era bello e felice. Il suo coraggio e la sua gioia erano più grandi di qualsiasi dolore provato o pericolo affrontato.

Nel corso dei millenni, l'uomo ha perso questa esistenza deliziosa e libera. Gli europei, che si considerano la gloria della civiltà, vivono in modo innaturale, brutto, non libero, malsano e vivono in città innaturali e brutte. Con istinti avvizziti e salute debole, respira aria cattiva in stanze buie;

la società organizzata, lo Stato, lo priva di ogni libertà di movimento e di azione, mentre il clima rigido lo costringe a lavorare per tutta la vita.

La libertà che conosceva un tempo l'ha persa, e con essa la sua fortuna.

2. SVILUPPO E LIBERTÀ

Per tutta la vita sulla Terra, l'obiettivo finale è lo sviluppo. Le rocce si cristallizzano, le piante crescono e fioriscono, gli uomini e gli animali vivono. Il piacere che provano solo gli uomini e gli animali non ha altro valore se non quello sintomatico: gli animali non soddisfano il loro istinto perché gli dà piacere, ma provano piacere perché soddisfano i loro istinti.

Sviluppo significa crescere secondo leggi interne: libertà di crescita. Qualsiasi pressione e forza esterna inibisce la libertà di sviluppo. In un mondo deterministico, la libertà non ha altro significato che la dipendenza dalle leggi interne, mentre la schiavitù significa dipendere dalle condizioni esterne. Il cristallo non ha la libertà di scegliere una forma preferita; il germoglio non ha la libertà di crescere in un fiore preferito: ma la libertà sta nella capacità della roccia di diventare un cristallo, e quella del germoglio di diventare un fiore. La roccia non libera rimane amorfa o cristallina, il bocciolo non libero appassisce. In entrambi i casi, la forza esterna è più forte di quella interna. Il prodotto della libertà umana è un uomo sviluppato: un uomo non libero è un uomo stentato.

Se l'uomo può svilupparsi liberamente, è bello e felice. L'uomo libero e sviluppato è l'obiettivo di ogni sviluppo e la misura di ogni valore umano.

L'uomo ha perso ogni libertà: questo è stato il peccato originale. È così che è diventato un essere infelice e incompleto. Tutti gli animali selvatici sono belli, mentre la maggior parte degli esseri umani sono brutti. Ci sono più tigri, elefanti, aquile, pesci o insetti perfetti che esseri umani, perché l'uomo, a causa della perdita della sua libertà, si è stentato e degenerato.

La leggenda preistorica del paradiso perduto annuncia la verità che l'uomo è stato bandito dal regno della libertà, del tempo libero, della vita naturale, in cui la fauna della giungla vive ancora oggi, e a cui solo alcuni abitanti delle isole dei mari del Sud sono più vicini.

Questo paradiso perduto è l'epoca in cui gli esseri umani vivevano ai tropici, come gli animali, perché non esistevano ancora le città, gli Stati e il lavoro.

3. SOVRAPPOPOLAZIONE E MIGRAZIONE VERSO NORD

Due cose hanno spinto l'uomo ad abbandonare il suo paradiso: la sovrappopolazione e la migrazione verso climi freddi. Con la sovrappopolazione, l'uomo ha perso la libertà dello spazio; ovunque si imbatte nei suoi simili e nei loro interessi, diventando così schiavo della società.

Con la migrazione verso nord, l'uomo ha perso la libertà del tempo: il tempo libero. Il clima rigido lo costringe a lavorare contro la sua volontà per guadagnarsi da vivere. Così, è diventato uno schiavo della natura del nord.

La cultura ha distrutto le tre forme di bellezza che appartenevano all'uomo naturale: libertà, tempo libero, natura; al loro posto sono arrivati lo Stato, il lavoro e la città.

L'europeo colto è esiliato dal Sud, esiliato dalla natura.

4. SOCIETÀ E CLIMA

I due tiranni dell'europeo colto si chiamano: Società e Clima.

La schiavitù sociale raggiunge il suo apice nella metropoli moderna, perché qui la sovrappopolazione e la frenesia sono massime. Lì le persone vivono non solo l'una accanto all'altra, ma stratificate l'una sull'altra, murate in blocchi artificiali di pietra (case), costantemente sorvegliate e sospettate dagli organi della società, costrette a sottostare a una serie di norme e regolamenti e, se non si adeguano, vengono torturate per anni (rinchiuse) o uccise (messe a morte). La mancanza di libertà sociale è meno grave nel paese e meno grave nelle aree scarsamente popolate, come gli Stati Uniti d'America occidentali, la Groenlandia, la Mongolia o l'Arabia. Lì le persone possono ancora svilupparsi nello spazio senza entrare in conflitto con la società; lì la libertà sociale esiste ancora.

La mancanza di libertà dal clima è più opprimente nelle nazioni civilizzate del Nord. Lì, l'uomo deve strappare alla terra senza sole il cibo per l'intero anno in pochi e brevi mesi estivi, e allo stesso tempo proteggersi dal gelo invernale con abiti, ripari e calore. Se resiste a questo lavoro forzato, morirà di fame o di freddo. Il clima del Nord lo costringe a un lavoro noioso ed estenuante. Gli viene concessa maggiore libertà nelle zone più miti, dove l'uomo deve servire un solo tiranno: la fame, mentre l'altro, il gelo, è frenato dal sole. L'uomo tropicale è il più libero, perché può mangiare frutta e noci senza dover lavorare. Solo lì esiste la libertà dal clima.

L'Europa è una striscia di terra sovrappopolata e nordica; pertanto, l'europeo è l'uomo meno libero, schiavo della società e della natura.

La società e la natura sono vittime l'una dell'altra: l'uomo che fugge dalla città per andare in campagna, per abbandonare la frenesia della società, è minacciato dal clima crudele, dalla fame e dal gelo. L'uomo che sfugge alle forze della natura e si trasferisce in città per trovare sicurezza, è minacciato da una società spietata che lo sfrutta e lo schiaccia.

5. TENTATIVI DI LIBERAZIONE DELL'UMANITÀ

La storia del mondo è fatta di tentativi di liberazione degli esseri umani dalla prigione della società e dall'esilio del nord.

I quattro modi principali in cui l'umanità si è legata per tornare al paradiso perduto e al tempo libero sono stati questi:

I. La via del ritorno (emigrazione): verso la privacy e il sole. Con questo obiettivo, le persone e le nazioni sono migrate da strisce di terra densamente popolate a zone scarsamente popolate e da zone più fredde a zone più calde. Quasi tutte le migrazioni delle nazioni e un gran numero di guerre possono essere ricondotte a questo desiderio originario di libertà di movimento e di sole.

II. La via per il vertice (il potere): fuori dalla frenesia umana verso l'isolamento, la libertà e il tempo libero dei "primi diecimila". Questo appello è suonato quando, a causa della sovrappopolazione, il potere è diventato il presupposto della libertà e, a causa delle condizioni climatiche, il potere è diventato il presupposto del tempo libero. Solo il potente può svilupparsi senza doversi preoccupare del prossimo: solo il potente può sfuggire al lavoro forzato, facendo lavorare gli altri per lui. Nelle nazioni sovrappopolate deve scegliere tra calpestare i suoi simili o essere calpestato: essere signore o servo, ladro o mendicante. Questa generale smania di potere è il padre delle guerre, delle rivoluzioni e delle battaglie tra i popoli.

III. La via verso l'interno (etica): dalla frenesia esteriore all'isolamento interiore, dal lavoro esteriore all'armonia interiore! La liberazione dell'uomo attraverso l'autocontrollo, la costrizione; il sacrificio come protezione dal bisogno, il ridimensionamento degli standard di svago e libertà fino a raggiungere il minimo necessario per una società sovrappopolata in un clima rigido. Tutti i movimenti religiosi possono essere ricondotti a questa esigenza: sostituire la libertà e il lavoro esterni con la calma del cuore.

IV. La via da seguire (tecnologia): uscire dall'era del lavoro schiavo per entrare in una nuova era di libertà e tempo libero grazie alla vittoria dello spirito umano sulle forze della natura! Il superamento della sovrappopolazione attraverso l'aumento della produttività e del lavoro schiavo attraverso l'asservimento delle forze della natura. Il progresso tecnologico e scientifico si basa su questo impulso a rompere la tirannia della natura.

II. ETICA E TECNOLOGIA

1. LA QUESTIONE SOCIALE

La domanda sul destino della cultura europea è: "Come sarà possibile proteggere l'umanità che vive su una striscia di terra stretta, fredda e arida dalla carestia, dall'ipotermia, dall'omicidio e dallo sfinimento, e darle la libertà e lo svago che un tempo le davano felicità e bellezza?".

La risposta è: "Attraverso lo sviluppo dell'etica e della tecnologia". L'etica nelle scuole, nella stampa e nella religione può trasformare l'uomo europeo da predatore in animale domestico e renderlo abbastanza maturo per una società libera. La tecnologia può dare all'europeo tempo ed energia liberi grazie all'aumento della produttività e all'uso di macchine al posto dei lavori forzati, necessari per espandere la cultura.

L'etica risolve il problema sociale dall'interno, la tecnologia dall'esterno: in Europa solo due classi di persone hanno i requisiti per la felicità: i ricchi, perché possono fare e avere tutto ciò che vogliono, e i santi, perché non vogliono fare o avere più di quanto il loro destino conceda loro. I ricchi conquistano una libertà oggettiva attraverso il potere che hanno di trasformare i loro simili e le forze della natura in uno strumento per la loro volontà - e i santi conquistano una libertà soggettiva, attraverso l'indifferenza con cui guardano i beni terreni. Il ricco può svilupparsi esteriormente, il santo interiormente.

Tutti gli europei rimasti sono schiavi della natura e della società: lavoratori forzati e prigionieri.

2. INADEGUATEZZA DELLA POLITICA

L'ideale dell'etica è creare una società di santi in Europa; l'ideale della tecnologia è creare una società di europei ricchi. L'etica vuole abolire l'avidità, in modo che le persone non si *sentano* povere; la tecnologia vuole abolire le difficoltà, in modo che le persone non debbano *essere* povere.

La politica non è in grado di rendere le persone felici o ricche. Per questo i suoi tentativi arbitrari di rispondere alla domanda sociale devono fallire. Solo al servizio dell'etica o della tecnica la politica può partecipare alla soluzione della questione sociale.

Con lo stato attuale dell'etica e della tecnologia, la politica sarebbe solo in grado di universalizzare la mancanza di libertà, la povertà e il lavoro forzato. Potrebbe solo equiparare il male, non cancellarlo. Potrebbe trasformare l'Europa in un penitenziario di schiavi uguali, ma non in un paradiso. Il cittadino dello Stato sociale ideale oggi sarebbe meno libero e più tormentato degli abitanti delle isole del Sud nel loro stato naturale. La storia culturale sarebbe la storia di una disastrosa frode ai danni dell'umanità.

3. STATO E OCCUPAZIONE

Finché l'etica sarà troppo insignificante per proteggere gli esseri umani gli uni dagli altri, e la tecnologia non sarà abbastanza sviluppata per spostare il carico di lavoro sulle forze della natura, l'umanità cercherà di evitare i danni della sovrappopolazione attraverso lo Stato, i danni del clima attraverso il lavoro.

Lo Stato protegge l'uomo dall'arbitrio di altri uomini - il lavoro lo protegge dalle forze della natura.

Lo "Stato coercitivo" organizzato garantisce, a determinate condizioni, la protezione da omicidi e rapine ai cittadini disposti a rinunciare alla propria libertà, e il lavoro forzato organizzato garantisce la protezione dalla fame e dal gelo a coloro che sono disposti a rinunciare alle proprie energie e al proprio tempo.

Queste due istituzioni condonano gli europei, che naturalmente sarebbero destinati a morire, ai lavori forzati per tutta la vita. Per salvare le loro vite, devono rinunciare alla loro libertà. Come cittadino dello Stato è rinchiuso nella gabbia dei suoi diritti e dei suoi doveri, come lavoratore forzato nel duro giogo della sua prestazione. Se rifiuta lo Stato, rischia la forca; se rifiuta il lavoro, rischia di morire di fame.

4. ANARCHIA E TEMPO LIBERO

Sia lo Stato che il lavoro pretendono di essere *ideali che richiedono* soggezione e amore da parte delle loro vittime. Ma non sono ideali: sono necessità sociali e climatiche insopportabili.

Da quando esistono gli Stati, l'umanità sogna l'anarchia, la condizione ideale di libertà dallo Stato, e da quando esiste il lavoro, l'uomo sogna il tempo libero, la condizione ideale del tempo libero.

L'anarchia e il tempo libero sono ideali, non lo Stato e il lavoro.

L'anarchia non è possibile in una società densamente popolata e priva di elevati standard etici. La sua realizzazione dovrebbe distruggere le residue libertà e possibilità di sopravvivenza dei cittadini. Nel panico generale degli ego che si scontrano, le persone si opprimerebbero a vicenda. L'anarchia porterebbe alla totale mancanza di libertà.

L'ozio universale porterebbe alla morte per fame o ipotermia della maggior parte della popolazione del nord. Il disagio e la miseria raggiungerebbero il loro apice.

L'anarchia isolata esiste nei deserti dei beduini e nei campi di neve degli eschimesi. Il tempo libero esiste nelle nazioni meridionali, poco popolate e fertili.

5. SUPERAMENTO DELLO STATO E DEL LAVORO

Lo Stato coercitivo e il lavoro forzato, protettori e tiranni della civiltà, non possono essere superati da una rivoluzione politica, ma solo dall'etica e dalla tecnologia. Finché l'etica non supererà lo Stato coercitivo, l'anarchia significherà omicidio e furto universali; finché la tecnologia non supererà il lavoro forzato, il tempo libero potrà significare solo fame e ipotermia universali.

Solo attraverso l'etica i cittadini delle nazioni sovrappopolate possono sfuggire alla tirannia della società, e attraverso la tecnologia i cittadini dei climi freddi possono sfuggire alla tirannia delle forze della natura.

La missione dello Stato è quella di rendersi superfluo attraverso l'etica, per poi sfociare nell'anarchia. La missione del lavoro è quella di rendersi superfluo attraverso la tecnologia, per poi sfociare nell'ozio.

La società umana volontaria non è una maledizione, ma solo lo Stato forzato. Il lavoro volontario non è una maledizione, ma solo il lavoro forzato. L'ideale non è l'indolenza, ma la libertà; non la pigrizia, ma l'ozio.

Lo Stato coercitivo e il lavoro forzato sono cose che devono essere superate: ma non possono essere superate dall'anarchia e dal tempo libero prima che l'etica e la tecnologia siano complete; per raggiungere questo obiettivo, gli esseri umani devono sviluppare lo Stato coercitivo per sviluppare l'etica, e sviluppare il lavoro forzato per sviluppare la tecnologia.

La strada verso l'anarchia etica passa attraverso uno stato forzato e conduce all'ozio tecnico attraverso il lavoro forzato.

Le curve della spirale culturale che porta dal paradiso del passato al paradiso del futuro si snodano come segue:

Anarchia naturale - sovrappopolazione - Stato coercitivo - etica - anarchia culturale.

E tempo libero naturale-emigrazione verso il nord-lavoro forzato-tecnologia-tempo libero culturale.

Attualmente ci troviamo al centro di queste curve, ugualmente lontani dal paradiso passato e futuro: questa è la ragione della nostra infelicità. L'europeo medio moderno non è più un essere umano naturale, ma non ancora civilizzato; non è più animale, ma non ancora umano; non è più parte della natura, ma non ancora dominatore della natura.

6. ETICA E TECNOLOGIA

Etica e tecnologia sono sorelle: L'etica governa l'energia naturale dentro di noi - la tecnologia governa le forze naturali che ci circondano. Entrambe cercano di conquistare la natura attraverso lo spirito formativo.

L'etica cerca di redimere l'umanità attraverso la negazione eroica - la tecnologia attraverso l'affermazione eroica (azione).

L'etica rivolge la volontà di potenza verso l'interno: vuole conquistare il microcosmo. La tecnologia rivolge la volontà di potenza verso l'esterno: vuole conquistare il macrocosmo. Né l'etica né la tecnologia da sole possono salvare l'uomo del Nord, perché un uomo affamato e gelido non può essere saziato e riscaldato dall'etica, e un'umanità malvagia e avida non può essere protetta da se stessa.

A cosa serve la morale se l'umanità muore di fame e di freddo? A cosa serve il progresso tecnologico se gli esseri umani ne abusano per massacrarsi e mutilarsi a vicenda?

L'Asia civilizzata soffre di sovrappopolazione più che di ipotermia. Può quindi rinunciare alla tecnologia molto più facilmente dell'Europa, dove etica e tecnologia devono completarsi a vicenda.

III. ASIA ED EUROPA

1. ASIA ED EUROPA

La grandezza dell'Asia risiede nella sua etica, quella dell'Europa nella sua tecnologia. L'Asia è maestra/maestro di autocontrollo per il mondo. L'Europa è maestra nella padronanza della natura. In Asia, la questione sociale è incentrata sulla sovrappopolazione, in Europa sul clima.

L'Asia deve consentire la convivenza pacifica della maggioranza delle persone: può farlo educando i suoi cittadini all'etica (altruismo e autocontrollo).

L'Europa deve esorcizzare gli orrori della fame e dell'ipotermia che minacciano costantemente i suoi cittadini. Può riuscirci solo grazie alla tecnologia (lavoro e invenzione). Ci sono due valori fondamentali nella vita: l'armonia e l'energia, da cui dipendono tutti gli altri valori.

La grandezza e la bellezza dell'Asia dipendono dall'armonia.

La grandezza e la bellezza dell'Europa dipendono dall'energia. L'Asia vive nella dimensione dello spazio: il suo spirito è tranquillo, rivolto verso l'interno, calmo; è femminile, vegetale, statico, apollineo, classico, idilliaco. L'Europa vive nella dimensione del tempo: il suo spirito è attivo, rivolto verso l'esterno, in movimento e determinato; è maschile, animalesco, dinamico, dionisiaco, romantico, eroico.

Il simbolo dell'Asia è il mare onnicomprensivo, il cerchio, quello dell'Europa è il potere lungimirante, la linea retta. Qui si rivela il significato più profondo dei simboli cosmici, l'Alfa e l'Omega. Ci trasmette la mistica e ricorrente polarità di forza e forma, tempo e spazio, uomo e cosmo, che si cela dietro le anime di Europa e Asia; l'Omega maiuscolo, il cerchio che apre la porta del cosmo, è simbolo dell'armonia divina dell'Asia; l'Alfa maiuscolo, una freccia appuntita che punta verso l'alto e che trapassa il cerchio, è simbolo dell'azione e della determinazione dell'Europa che rompe la calma eterna dell'Asia. A e O sono anche, in senso freudiano, simboli inconfondibili di mascolinità e femminilità: l'unione di questi simboli significa concezione e vita, oltre a rivelare l'eterno dualismo del mondo. Lo stesso simbolismo esiste probabilmente nei numeri 1 e 0, come l'1 finito contro lo 0 infinito - "sì" contro "no".

2. CULTURA E CLIMA

Le anime dell'Asia e dell'Europa sono emerse dai climi asiatici ed europei. I centri culturali dell'Asia si trovano in zone calde e quelli dell'Europa in zone fredde. Questo rivela i loro opposti rapporti con la natura: mentre un meridionale si sente figlio e amico della natura, al Nord è costretto a strappare tutto ciò di cui ha bisogno per vivere, in una dura lotta contro la terra fredda. Ha due scelte: essere il padrone o lo schiavo della natura - e sicuramente un avversario.

Nel Sud, il confronto tra uomo e natura era amichevole, armonioso. Al Nord, bellicoso ed eroico.

La dinamica dell'Europa si spiega da sola perché è il centro culturale del mondo. Per decine di migliaia di anni, il freddo e la mancanza hanno posto gli europei di fronte a una scelta: "Lavorare o morire!". Se uno non poteva lavorare, doveva morire di fame o di ipotermia. Per molte generazioni, l'inverno ha sistematicamente sradicato gli europei deboli, passivi, pigri e ripiegati su se stessi, e ha allevato una razza umana dura, energica ed eroica.

Fin dalla preistoria, la razza bianca - e ancor più i bianchi con i capelli biondi - ha lottato con l'inverno, che li ha resi sempre più pallidi, ma anche sempre più duri. È a questa tempra che gli europei devono la loro superiore salute ed energia fino ai giorni nostri.

L'uomo bianco è figlio dell'inverno, della mancanza di sole: Per superarla, ha dovuto usare al massimo i muscoli e la mente per creare "nuovi soli"; ha dovuto combattere contro una natura eternamente ostile, e conquistarla.

La scelta tra l'azione e la morte ha creato nel Nord di ogni cultura il suo tipo più forte ed eroico: in Europa è il tedesco, in Asia il giapponese, in America l'Aztek. Il caldo costringe l'uomo a limitare la sua attività al minimo, il freddo lo costringe ad aumentarla al massimo.

L'uomo attivo ed eroico del Nord ha sempre conquistato il Sud più passivo e armonioso; per questo, il Sud colto ha assimilato e civilizzato i barbari settentrionali - fino a quando non è stato conquistato, barbarizzato e rigenerato da un nuovo Nord.

La maggior parte delle conquiste militari nella storia sono iniziate dagli Stati del Nord contro il Sud, e la maggior parte dei conflitti spirituali e religiosi sono iniziati dagli Stati del Sud contro il Nord.

L'Europa è stata conquistata in una guerra di religione dagli ebrei e militarmente dai tedeschi. In Asia hanno vinto le religioni dell'India e dell'Arabia, mentre politicamente è dominata dal Giappone.

Le nazioni più attive delle zone calde (arabi, turchi, tartari, mongoli) sono nate nei deserti o nelle steppe. Lì, al posto del freddo, era la siccità a disciplinarli; ma anche qui, inevitabilmente, si verificò la vittoria dell'uomo eroico sull'idillio; la vittoria dell'attivo sul passivo e dell'affamato sul ben nutrito.

3. LE TRE RELIGIONI

Il caldo dell'India, che paralizza ogni attività, ha creato la loro mentalità contemplativa; il freddo dell'Europa, che costringe all'attività umana, ha creato una mentalità attiva; il clima temperato della Cina, che favorisce una rotazione armoniosa tra attività e tranquillità, ha creato una mentalità armoniosa.

I tre diversi climi hanno creato tre diversi tipi di religione: quella contemplativa, quella eroica e quella armoniosa.

La religione e l'etica eroica del Nord si esprimono nell'Edda e nella visione del mondo della cavalleria europea e giapponese, vivendo la sua resurrezione negli insegnamenti di Nietzsche. La sua massima virtù ed energia sono la battaglia e l'eroe: Sigfrido. Le religioni contemplative e l'etica del Sud trovano la loro perfezione nel buddismo. La sua più alta virtù è il controllo di sé e la gentilezza, il suo più alto ideale è la pace e il Buddha.

La religione e l'etica armoniose del mezzo si sono sviluppate in Grecia in Occidente e in Cina in Oriente. Non richiedeva né l'ascetismo della battaglia, né l'autocontrollo. È ottimista e mondana; il suo ideale è l'uomo nobile: il saggio Confucio, l'artista Apollo. L'ideale greco dell'uomo apollineo sta nel mezzo, tra l'eroe tedesco Sigfrido e il santo indiano Buddha.

Tutte le organizzazioni religiose sono combinazioni di questi tre tipi fondamentali. Ogni religione che si diffonde deve adattarsi a queste condizioni climatiche. I cristiani asiatici del sud, i cattolici del centro e i protestanti del nord sono simili. Lo stesso vale per i buddisti di Ceylon, della Cina e del Giappone. Il cristianesimo ha trasmesso i valori asiatici del Sud nella nostra cultura. Il Rinascimento ci ha dato gli antichi valori del centro; la cavalleria ha trasmesso i valori tedeschi del Nord.

4. ARMONIA E FORZA

I valori culturali dell'Europa sono misti, il suo spirito è prevalentemente nordico.

Gli asiatici sono superiori agli europei per gentilezza e saggezza, ma sono inferiori agli europei per energia e intelligenza.

L'"onore" europeo è un valore eroico, la "dignità" asiatica è un valore armonico. La battaglia costante indurisce, la pace costante ammorbidisce il cuore. Per questo l'asiatico è più mite e gentile dell'europeo. Inoltre, la società indiana, cinese, giapponese ed ebraica è molto più antica di quella tedesca, che fino a 2000 anni fa viveva nell'anarchia. Gli asiatici hanno sviluppato le loro virtù sociali meglio e più a lungo degli europei.

La bontà del cuore corrisponde alla saggezza della mente. La saggezza si basa sull'armonia, l'intelligenza sull'acutezza della mente.

La saggezza è un frutto del Sud più maturo, ma raramente esiste nel Nord. Anche i filosofi europei sono raramente saggi, gli etici raramente gentili. La cultura antica era più ricca di saggi, la cui personalità era caratterizzata dalla spiritualità, mentre nell'Europa moderna (sotto il cristianesimo) sono quasi estinti. Il motivo è la relativa giovinezza della cultura tedesca e la veemenza dello spirito tedesco. Inoltre, i monasteri erano gli unici santuari per la saggezza contemplativa nel Medioevo. I saggi si ritiravano e morivano lì, vittime dei loro voti di castità.

Le rappresentazioni europee di Cristo sono serie e tristi, mentre le statue di Buddha sorridono. I pensatori europei sono profondamente seri, mentre i saggi asiatici sorridono, perché vivono in armonia con se stessi, con la società e con la natura, non in battaglia; provano ogni riforma su se stessi, invece che sugli altri, e hanno un effetto sugli altri attraverso il loro esempio, invece che sui libri. Oltre a pensare, riscoprono la loro infanzia, mentre i pensatori europei invecchiano troppo presto.

Tuttavia, l'Europa è grande quanto l'Asia, ma la sua grandezza non risiede nella sua bontà o nella sua saggezza, bensì nella sua produttività e innovazione.

L'Europa è l'eroe del mondo; su tutti i fronti di battaglia dell'umanità è al primo posto: nella caccia, nella guerra e nella tecnologia, gli europei hanno realizzato più di qualsiasi altra cultura nella storia. Hanno quasi sradicato tutti gli animali pericolosi, hanno conquistato quasi tutte le nazioni dalla pelle scura e, grazie alla scienza e alla tecnologia, hanno raggiunto un dominio totale sulla natura che non è mai stato ritenuto possibile. La missione mondiale dell'Asia è la salvezza dell'umanità attraverso l'etica; la missione mondiale dell'Europa è la liberazione dell'umanità attraverso la tecnologia.

Il simbolo dell'Europa non è il saggio, il santo, il martire, ma l'eroe, il combattente, il vincitore, il liberatore.

IV. LA MISSIONE TECNOLOGICA MONDIALE DELL'EUROPA

1. LO SPIRITO EUROPEO

Con l'età moderna inizia la missione culturale dell'Europa. L'essenza dell'Europa è la volontà di cambiare e migliorare il mondo attraverso l'azione. L'Europa si sforza consapevolmente dal presente al futuro; è in un costante stato di emancipazione, riforma, rivoluzione; è assuefatta al rinnovamento, scettica, empia, e lotta con i suoi costumi e le sue tradizioni.

Nella mitologia ebraica, lo spirito europeo corrisponde a Lucifero, in quella greca a Prometeo: il portatore di luce che porta la scintilla divina sulla terra e che si ribella all'armonia celeste-asiatica, all'ordine divino del mondo; il principe del mondo, il padre della battaglia, della tecnologia, dell'illuminazione e del progresso; il leader dell'uomo nella sua lotta contro la natura.

Lo spirito dell'Europa ha spezzato il dispotismo politico e il dominio delle forze della natura. L'europeo non si arrende al suo destino, ma cerca di dominarlo attraverso le sue azioni e la sua mente, come attivista e razionalista.

2. LA GRECIA COME PRE-EUROPA

La Grecia è stata il precursore dell'Europa; ha percepito per prima la differenza essenziale tra sé e l'Asia e ha scoperto la sua anima attivista-razionalista. Il suo Olimpo non era il paradiso della pace, ma un luogo di battaglie; il suo dio più alto era un empio ribelle. La Grecia rovesciò re e dei e mise al loro posto lo stato del cittadino e la religione dell'uomo.

Questo periodo europeo della Grecia iniziò con la caduta dei tiranni e si concluse con il dispotismo "asiatico" di Alessandro e dei suoi successori; fu brevemente continuato nella repubblica di Roma e si concluse definitivamente con l'Impero romano.

Alessandro Magno, i re greci e gli imperatori romani erano gli eredi dell'idea asiatica di grandi regni. L'impero romano non era diverso dai regimi dispotici di Cina, Mesopotamia, India e Persia.

Nel Medioevo, l'Europa era una periferia culturale dell'Asia. Era governata dalla religione asiatica di Gesù. La cultura religiosa europea, lo stato d'animo mistico, la forma di governo monarchica e il dualismo tra papi e imperatori, tra monaci e cavalieri: tutto questo era asiatico.

L'Europa è rinsavita grazie all'emancipazione dal cristianesimo, iniziata con il Rinascimento e la Riforma e proseguita con Nietzsche, e si è separata spiritualmente dall'Asia.

3. LE BASI TECNICHE DELL'EUROPA

Il mondo di Philipp II non ha modificato in modo significativo la nostra cultura mondiale dai tempi di Hammurabi. Né nell'arte, né nella scienza, né nella politica, né nel sistema giudiziario o amministrativo. Il mondo è cambiato più drammaticamente negli ultimi 350 anni che nei 3500 anni precedenti.

Fu la tecnologia a risvegliare l'Europa dal suo sonno di Bella Addormentata del Medioevo. La tecnologia sconfisse la cavalleria e il feudalesimo grazie all'invenzione delle armi da fuoco, e il popolarismo e la superstizione grazie all'invenzione della stampa; grazie alla bussola e alla tecnologia navale si aprirono le strade del mondo, che furono conquistate con l'aiuto della polvere da sparo.

Il progresso della scienza moderna è inseparabile dalla tecnologia. Senza un telescopio non ci sarebbe l'astronomia moderna, senza un microscopio non ci sarebbe la batteriologia. Anche l'arte moderna è legata alla tecnologia. La musica strumentale moderna, l'architettura moderna e il teatro moderno si basano in parte sulla tecnologia. L'impatto della fotografia sulla ritrattistica è destinato ad aumentare. Poiché la fotografia è insuperabile nella riproduzione della forma del viso, i pittori saranno costretti a guardarsi dentro e a catturare la natura astratta e l'anima dell'uomo. Un effetto simile a quello della fotografia sulla pittura potrebbe essere applicato anche alla cinematografia e al teatro.

La strategia moderna è cambiata radicalmente sotto l'influenza della tecnologia. La guerra si è trasformata da scienza psicologica a scienza tecnologica. I metodi di guerra odierni differiscono in modo più significativo da quelli del Medioevo di quanto questi differiscano dal combattimento degli uomini primitivi.

Tutte le politiche odierne fanno riferimento al progresso tecnologico: la democrazia, il nazionalismo e l'educazione nazionale si basano sull'invenzione della stampa. L'industrialismo e l'imperialismo coloniale, il capitalismo e il socialismo sono conseguenze del progresso tecnologico e del cambiamento dell'economia globale. Come l'agricoltura ha creato una mentalità patriarcale e l'artigianato una mentalità individualista, così l'industrialismo collettivo e organizzato creerà una mentalità socialista. L'organizzazione del lavoro attraverso la tecnologia crea un'organizzazione socialista dei lavoratori.

Finalmente il progresso tecnologico ha cambiato l'europeo. È più frettoloso e nervoso, meno posato, più sveglio, attento, razionale, attivo, pratico e intelligente.

Se cancelliamo tutte le conseguenze che la tecnologia ha avuto sulla nostra cultura, ciò che rimane non è affatto più evoluto dell'antica cultura egizia o babilonese, anzi, per certi versi è meno evoluto.

L'Europa deve il suo vantaggio culturale alla tecnologia. Solo grazie alla tecnologia l'Europa è diventata padrona e leader del mondo.

L'Europa è una funzione della tecnologia - l'America è un'escalation dell'Europa.

4. CAMBIAMENTO TECNOLOGICO DEL MONDO

L'età della tecnologia in Europa è un fenomeno della storia mondiale che può essere paragonato all'invenzione del riscaldamento in tempi primordiali. L'invenzione del fuoco ha dato il via alla storia della cultura umana e alla domesticazione dell'animale umano. Tutti i successivi progressi mentali e materiali dell'umanità si basano su questa scoperta del Prometeo primordiale.

La tecnologia segna un punto di svolta nella storia umana simile a quello del fuoco. Tra diecimila anni la storia sarà divisa in età pre e post-tecnologica. **Gli europei - che a quel punto saranno estinti da tempo** - saranno lodati come i padri del cambiamento tecnologico del mondo.

I possibili effetti dell'era tecnologica in cui stiamo entrando sono inequivocabili. La tecnologia sta creando le basi di tutte le culture che, a causa delle mutate condizioni, saranno diverse da quelle attuali.

Tutte le culture, dall'antico Egitto al Medioevo, sono diventate progressivamente più simili perché si basavano su alcuni principi tecnici. Non c'è stato alcun progresso tecnologico significativo dagli antichi Egizi alla fine del Medioevo.

La cultura che emergerà dall'era tecnologica si differenzierà dall'età antica e dal medioevo tanto quanto queste si differenziavano dall'età della pietra.

5. L'EUROPA COME AGENTE CULTURALE

L'Europa è un ciclo culturale, una tangente culturale: le tangenti che si sono sviluppate dal ciclo della cultura asiatica sono fiorite, appassite e risorte in un altro luogo.

L'Europa ha fatto saltare questo ciclo e ha invece introdotto una direzione di forme di vita sconosciute.

Tutto esisteva già nelle culture orientali dell'Oriente e dell'Occidente: la cultura tecnologica europea è davvero un'incognita, una vera novità.

L'Europa è un ponte tra le culture complesse e conosciute nel corso della storia e le forme culturali del futuro.

Un'epoca paragonabile a quella europea per significato e dinamica, ma di cui si sono perse le tracce, deve aver preceduto l'antica cultura babilonese, l'antica cultura cinese ed egizia. Questa Pre-Europa ha creato le basi per tutte le culture degli ultimi millenni; come l'Europa moderna, è stata una tangente culturale che si è separata dal ciclo delle antiche preculture.

La sequenza della grande storia mondiale è costituita da cicli asiatici e tangenti culturali europee. Senza queste tangenti (che sono europee solo in senso spirituale, non geografico) ci sarebbe solo espansione, non sviluppo. Dopo un lungo periodo di maturazione, una nazione ingegnosa emerge dalle tenebre, fa esplodere il corso naturale della cultura ed eleva l'umanità a un livello superiore.

Le invenzioni, non la poesia o la religione, segnano questi stati di sviluppo culturale: l'invenzione del bronzo, del ferro, dell'elettricità. Queste invenzioni costruiscono l'eredità eterna di un'epoca per tutte le culture future. Degli antichi non rimarrà nulla, mentre l'era moderna arricchisce la cultura attraverso la conquista dell'elettricità e di altre forze naturali: queste invenzioni sopravvivranno al Faust, alla Divina Commedia e all'Iliade.

Con il Medioevo si è concluso il ciclo culturale del ferro, con l'età moderna inizia il ciclo culturale della macchina; non una nuova cultura, ma una nuova era.

Artefice di questa era tecnologica è l'ingegnosa nazione prometeica degli europei "germanizzati". La cultura moderna si fonda sul loro spirito innovativo tanto quanto l'etica degli ebrei, l'arte dei greci e la politica dei romani.

6. LEONARDO E LA PANCETTA

All'inizio dell'era della tecnologia, due grandi europei hanno intuito il significato dell'Europa: Leonardo da Vinci e Bacon von Verulam. Leonardo si dedicò alla tecnologia con la stessa passione dell'arte. Il suo problema preferito era il volo umano, di cui la nostra epoca ha visto la soluzione.

Si dice che in India ci siano yogi in grado, grazie all'etica e all'ascetismo, di infrangere le leggi di gravità e di fluttuare nell'aria. In Europa, lo spirito inventivo degli ingegneri e la loro materializzazione: l'aeroplano, hanno vinto le leggi della gravità attraverso la tecnologia. La levitazione e l'aviazione rappresentano simbolicamente le forme asiatiche ed europee del potere umano e della libertà.

Bacon è stato il creatore dell'audace romanzo utopico "Nuova Atlantide". Il suo carattere tecnologico lo distingue da tutte le utopie precedenti, da Platone a Tommaso Moro. Il passaggio dal pensiero del medioevo/asiatico a quello moderno/europeo si ritrova nel contrasto tra l'"Utopia" etico-politica di Morus e la "Nuova Atlantide" di Bacone. Morus vede ancora le riforme etico-sociali come leva del miglioramento del mondo, Bacone le invenzioni tecnologiche.

Morus era ancora cristiano e Bacon era europeo.

V. CACCIA-LAVORO

1. POTERE E LIBERTÀ

L'uomo contemplativo vive in pace con l'ambiente circostante, l'uomo attivo in un costante stato di guerra. Per l'autoconservazione, la realizzazione e lo sviluppo, deve costantemente combattere le potenze straniere, distruggere e schiavizzare.

La lotta per la sopravvivenza è una lotta per la libertà e il potere. Vittoria significa: imporre la propria volontà. Solo il vincitore è libero, potente. Non c'è confine tra libertà e potere: il pieno godimento della propria libertà danneggia gli interessi stranieri. Il potere è l'unica garanzia di una libertà disinibita.

La lotta dell'umanità per la libertà coincide con la lotta per il potere. Nel suo percorso l'umanità ha conquistato il mondo: il regno animale attraverso la caccia e l'allevamento, il regno vegetale attraverso l'agricoltura, il regno minerario attraverso le miniere, le forze naturali attraverso la tecnologia. Da animale debole e non descritto, l'uomo è diventato il signore del mondo.

2. CACCIA

La prima fase della lotta umana è stata l'età della caccia.

Dopo centinaia di migliaia di anni di battaglie, l'uomo ha conquistato il dominio sul mondo animale. Questa lotta vittoriosa dell'uomo, relativamente debole, contro tutte le specie animali estinte e ancora esistenti, grandi e selvatiche, è una grandezza che può essere paragonata alla conquista del mondo antico da parte di un piccolo villaggio, Roma.

L'uomo ha vinto contro tutte le corna e i denti, le zampe e gli artigli del suo rivale meglio equipaggiato solo con l'arma della sua mente superiore, che ha continuamente affilato nella lotta.

Gli obiettivi della guerra umana contro i nemici animali erano difensivi e offensivi: protezione e schiavitù.

All'inizio, l'uomo si accontentava di rendere inoffensivi i suoi nemici attraverso la difesa e lo sterminio; in seguito, ha iniziato ad addomesticarli e a utilizzarli. Trasformò i lupi in cani, i bufali in bovini, gli elefanti selvatici, i cammelli, gli asini, i cavalli, i lama, le capre, le pecore e i gatti in animali domestici. Sottomise una schiera di ex rivali in un esercito di schiavi animali, un arsenale di macchine viventi, che lavorassero e combattessero per lui, per aumentare la sua libertà e il suo potere.

3. GUERRA

Per mantenere il potere conquistato, e per accrescerlo, l'uomo passò a combattere i suoi simili con gli stessi metodi con cui combatteva il regno animale. L'era della caccia divenne l'era della guerra. L'uomo si scontrava con l'uomo per la distribuzione della terra conquistata. Il più forte respingeva il più debole e lo uccideva o lo rendeva schiavo: la guerra era una forma speciale di caccia, la schiavitù una forma speciale di allevamento. Nella lotta per la libertà e il potere, il più forte, il più audace e il più saggio vincevano sul più debole, il più codardo e il più stupido. La guerra affinava anche la mente umana e la forza lavoro.

4. LAVORO

A lungo andare, la caccia e la guerra non potevano sfamare l'umanità. Cambiando di nuovo, l'uomo entrò in guerra contro la natura inanimata. Iniziò l'era del lavoro. Le guerre e la caccia portavano ancora fama e gloria, ma l'enfasi della vita si spostò sul lavoro, perché gli forniva il cibo di cui aveva bisogno per la sua conservazione.

Il lavoro era una forma speciale di guerra, la tecnologia una forma speciale di schiavitù: al posto degli esseri umani, le forze naturali venivano dominate e rese schiave.

Attraverso il lavoro l'uomo ha combattuto la fame: ha sottomesso la terra e i raccolti e ne ha raccolto il profitto. Attraverso il lavoro, l'uomo ha lottato contro l'inverno. Ha costruito case, tessuto tessuti, abbattuto legna. Con il lavoro si è protetto dalle forze della natura.

5. LA GUERRA COME ANACRONISMO

Il modo in cui caccia, guerra e lavoro si sono fusi l'uno nell'altro, rende impossibile separarli cronologicamente. Per migliaia di anni, l'età della caccia è stata parallela all'età della guerra, così come oggi l'età della guerra è parallela all'età del lavoro; ma il centro di gravità della guerra si è spostato e si sposta continuamente. Se in origine la caccia era al centro dell'attività umana, la guerra ha preso il suo posto e infine il lavoro.

La guerra, un tempo necessaria per il progresso della cultura, ha perso il suo significato ed è diventata un pericoloso distruttore di cultura. Oggi sono le invenzioni a segnare il progresso, non le guerre.

Oggi le battaglie decisive dell'umanità per la libertà si giocano sul lavoro.

Nel tempo, quando la guerra mondiale affascinerà solo gli storici, il nostro inizio secolo sarà famoso per la nascita dell'aviazione.

Nell'era della guerra la caccia era un anacronismo, così nell'era del lavoro la guerra è un anacronismo. Ma in quest'epoca ogni guerra è una guerra civile, perché è rivolta ai compagni di lotta e all'intero esercito dei lavoratori.

Nell'era del lavoro, la glorificazione della guerra è inopportuna come la glorificazione della caccia nell'era della guerra. In origine, gli eroi erano l'uccisore di draghi e leoni, poi il comandante e infine l'inventore. Lavoisier ha contribuito allo sviluppo umano più di Robespierre e Bonaparte messi insieme.

Come il cacciatore ha governato nell'era della caccia, il guerriero nell'era della guerra, il lavoratore governerà nell'era del lavoro.

6. TECNOLOGIA

L'epoca del lavoro si divide in agricoltura e tecnologia.

Come agricoltore, l'uomo è difensivo nei confronti della natura, come tecnico è offensivo.

I metodi di lavoro corrispondono a quelli della guerra e della caccia: difesa e asservimento. L'era dell'agricoltura si limita ad allontanare la fame e il freddo, mentre la tecnologia va oltre, per asservire forze naturali un tempo dannose. L'uomo governa il vapore e l'elettricità e un esercito di macchine schiavizzate. Con queste non solo si difende dalla fame e dal freddo, dalle calamità naturali e dalle malattie, ma cerca persino di affrontare le barriere del tempo, dello spazio e della gravità. La sua battaglia per la libertà dalle forze della natura si trasforma in una lotta per il potere su tali forze.

La tecnologia è l'applicazione pratica della scienza per il dominio della natura. La chimica, come l'ingegneria atomica e la medicina, è in un certo senso tecnologia organica.

La tecnologia intellettualizza il lavoro; riduce il carico di lavoro e aumenta i profitti.

La tecnologia si fonda su un atteggiamento eroico e attivista nei confronti della natura; non obbedisce alla volontà della natura, ma la domina. La volontà di potenza è la forza motivante del progresso. Il tecnico vede nelle forze della natura un tiranno che deve essere abbattuto, un nemico che deve essere sconfitto. La tecnologia è figlia dello spirito europeo.

VI. CAMPAGNA TECNOLOGICA

1. LA MISERIA DI MASSA DELL'EUROPA

Con l'aumento della popolazione, la situazione sta diventando sempre più disperata per l'europeo. Nonostante tutti i precedenti progressi tecnologici, egli si trova ancora in una condizione di miseria. Ha respinto i fantasmi della carestia e dell'ipotermia, a prezzo della sua libertà e del suo tempo libero.

Per l'europeo, il lavoro forzato fruttuoso inizia all'età di sette anni con la scolarizzazione forzata e termina, di solito, con la morte. La sua infanzia è avvelenata dalla preparazione a una vita di combattimenti, che nei decenni successivi divora il suo tempo, la sua personalità, la sua vitalità e la sua voglia di vivere. Il tempo libero è punito con la pena di morte. Il cittadino europeo medio, privo di beni, ha due possibilità: lavorare fino allo sfinimento o morire di fame, insieme ai suoi figli. La frusta della fame lo spinge a continuare a lavorare, nonostante la stanchezza, il disgusto e l'amarezza.

Le nazioni europee hanno fatto due tentativi politici per migliorare questo stato miserabile: la politica coloniale e il socialismo.

2. POLITICA COLONIALE

La prima forma di politica coloniale consiste nella conquista e nell'insediamento in aree poco popolate da parte di nazioni che soffrono di sovrappopolazione.

L'emigrazione è in grado di salvare le nazioni dalla sovrappopolazione e di assicurare un'esistenza dignitosa a chi trova insopportabile la frenesia europea. L'emigrazione offre ancora a milioni di persone una via di fuga dall'inferno europeo e va quindi promossa in ogni modo.

La seconda forma di politica coloniale consiste nello sfruttamento delle aree più calde e delle popolazioni di colore. I popoli delle razze meridionali vengono strappati ai loro ozi dorati con cannoni e fucili europei e costretti a lavorare al servizio dell'Europa. Il Nord, più povero ma più forte, saccheggia sistematicamente il Sud, più ricco ma più debole; ne ruba la ricchezza, la libertà e il tempo libero e li usa per la propria ricchezza, libertà e tempo libero.

Diverse nazioni europee devono ringraziare questa rapina e la schiavitù per la loro prosperità, che consente loro di migliorare la vita dei propri lavoratori.

Alla lunga fallirà: perché l'esito inevitabile sarà un'enorme rivolta degli schiavi, e gli europei saranno espulsi dalle colonie di colore e la base culturale tropicale dell'Europa sarà rovesciata.

Anche l'emigrazione è solo una soluzione provvisoria. Alcune colonie sono ormai sovrappopolate quasi quanto le loro madri, avvicinandosi a una miseria simile. Deve arrivare il momento in cui non ci saranno più aree deserte sulla terra.

A quel punto, bisognerà trovare nuovi modi per contrastare il destino europeo.

3. POLITICA SOCIALE

Il secondo sforzo per alleviare la miseria di massa europea è il socialismo.

Il socialismo esorcizzerà l'inferno europeo attraverso una distribuzione uniforme del carico di lavoro e dei guadagni. Non c'è dubbio che il destino delle masse potrebbe essere molto migliorato attraverso riforme sensate. Ma se il progresso sociale non è sostenuto da un boom tecnologico, la miseria può essere solo alleviata, non eliminata.

Il carico di lavoro necessario per sfamare e riscaldare troppi europei è enorme; i guadagni derivanti da un'Europa rude e non abbastanza fertile sono relativamente esigui; anche una distribuzione equa porterebbe a un lavoro eccessivo e a una retribuzione troppo bassa per ogni europeo. Al livello tecnologico attuale, la vita in un'Europa socialista si dissolverebbe in una doppia attività: lavorare per mangiare e mangiare per lavorare. L'ideale dell'uguaglianza sarebbe realizzato, ma l'Europa sarebbe più lontana che mai dalla libertà, dal tempo libero e dalla cultura. Per liberare l'umanità, l'Europa è troppo barbara e troppo povera. La fortuna dei pochi ricchi, se distribuita equamente a tutti, scomparirebbe; la povertà non sarebbe eliminata, ma generalizzata.

Il socialismo da solo non è in grado di condurre l'Europa dalla miseria e dalla schiavitù alla libertà e alla prosperità. Né le schede elettorali né le azioni possono compensare un minatore di carbone per una vita trascorsa nelle miniere e nei pozzi. La maggior parte degli schiavi dei despoti asiatici è più libera del lavoratore "libero" del lavoro socializzato.

Il socialismo giudica male il "problema europeo" quando vede nella distribuzione iniqua il problema dell'economia europea, non nella produzione insufficiente. Le radici della miseria europea risiedono nella necessità di lavoro forzato, non nella distribuzione iniqua. Il socialismo vede erroneamente nel capitalismo la causa principale del fruttuoso lavoro forzato di cui soffre l'Europa; in realtà, solo una piccola percentuale della produzione di lavoro va ai capitalisti e ai loro lussi; la maggior parte del lavoro serve a rendere fertile un'area arida del mondo e a trasformare un freddo in un caldo, per sostenere il numero di esseri umani che naturalmente perirebbero tutti.

L'inverno e la sovrappopolazione in Europa sono despoti più duri e crudeli di tutti i capitalisti. Tuttavia, non sono i politici a guidare la rivoluzione europea contro questi spietati tiranni, ma gli inventori.

4. RIVOLUZIONE TECNOLOGICA MONDIALE

L'imperialismo coloniale, come il socialismo, sono antidolorifici, non cure, per la malattia europea; possono alleviare il dolore, non guarire la malattia; rimandare la catastrofe, ma non prevenirla. L'Europa dovrà decidere se decimare la propria popolazione e suicidarsi, oppure riprendersi aumentando enormemente la produzione e perfezionando la tecnologia.

L'Europa deve capire che il progresso tecnologico è una guerra di liberazione contro il tiranno più duro, crudele e poco caritatevole: la natura nordica.

Dipende dal risultato di questa rivoluzione se l'umanità sfrutterà l'opportunità, unica nell'eternità, di diventare padrona della natura o se sarà un'occasione sprecata, forse per sempre.

Cento anni fa, l'Europa ha iniziato l'offensiva contro la natura superiore, dalla quale, fino a quel momento, si era solo difesa. L'Europa non si accontentò più di essere in balia delle forze naturali, ma iniziò a schiavizzare i suoi nemici.

La tecnologia ha iniziato a integrare l'esercito di animali schiavi e a sostituire l'esercito di lavoratori schiavi attraverso macchine azionate da forze naturali.

5. L'ESERCITO DELLA TECNOLOGIA

L'Europa (così come l'America) ha mobilitato il mondo per la guerra più grande ed epocale.

I soldati di prima linea dell'esercito globale di lavoratori che combattono contro la volontà delle forze naturali sono gli operai industriali; i loro ufficiali sono ingegneri, imprenditori e manager; gli inventori sono lo Stato Maggiore; le macchine sono l'artiglieria; le miniere sono le loro trincee; le fabbriche sono i forti.

Con questo esercito e le riserve che attinge da ogni parte del mondo, l'uomo bianco spera di spezzare la tirannia di madre natura e di sottomettere le sue forze allo spirito umano, liberando infine l'uomo.

6. LA GUERRA ELETTRICA

L'esercito della tecnologia ha ottenuto la prima vittoria decisiva su uno dei più antichi antagonisti dell'umanità: il fulmine.

Da tempo immemorabile, la scintilla elettrica del fulmine ha minacciato, ferito e ucciso l'uomo, bruciando le sue case e uccidendo il suo bestiame. Per migliaia di anni l'uomo è stato esposto a questo nemico infido che non lo ha mai aiutato in alcun modo, fino a quando Benjamin Franklin ha infranto la regola del terrore inventando il parafulmine. La scintilla elettrica, flagello dell'umanità, fu così scongiurata. Ma l'*uomo bianco* non si accontentò di questa vittoria difensiva; passò all'offensiva e, in un secolo, riuscì a trasformare questo nemico in uno schiavo, trasformando questo pericolosissimo predatore in un utile animale domestico.

Oggi la scintilla elettrica che un tempo riempiva di orrore i nostri antenati illumina le nostre stanze, cucina il tè, stira il bucato, suona i campanelli, porta le lettere (telegrammi), traina treni e vagoni, guida le macchine - in una parola, è diventata il nostro messaggero, postino, servitore, cuoco, riscaldatore, illuminatore, operaio, trasportatore e persino il nostro boia. Ciò che la scintilla elettrica fa oggi in Europa e in America al servizio dell'umanità non sarebbe possibile nemmeno se le ore di lavoro dell'uomo fossero raddoppiate.

Come questa forza naturale, un tempo ostile, non solo è stata respinta, ma è stata trasformata nell'indispensabile e utilissimo servitore dell'uomo, così anche le piene del mare, il calore del sole, le tempeste e le inondazioni diventeranno un giorno schiavi dell'uomo. I veleni diventano rimedi, i virus mortali diventano vaccinazioni. Così come l'uomo addomesticava e sottometteva gli animali selvatici nei tempi primordiali, l'uomo moderno sta addomesticando e soggiogando le forze selvagge della natura.

Con questa vittoria, l'uomo nordico conquisterà un giorno la libertà, il tempo libero e la cultura. Non attraverso lo spopolamento o la rinuncia, non attraverso la guerra e la rivoluzione, ma attraverso l'invenzione e il lavoro, attraverso lo spirito e l'azione.

7. L'INVENTORE COME REDENTORE

Nella nostra epoca europea, l'inventore è un benefattore dell'umanità più grande del santo.

L'inventore dell'automobile ha fatto di più per i cavalli e ha risparmiato loro più sofferenze di qualsiasi associazione animalista al mondo. L'automobile sta per salvare migliaia di operatori di risciò dell'Asia orientale da una vita da animali da tiro.

Gli inventori della difterite e delle sue antitossine hanno salvato la vita a più bambini di tutti gli ospedali pediatrici.

Gli schiavi delle galere devono la loro liberazione alla moderna tecnologia navale, mentre con l'introduzione del riscaldamento a petrolio la tecnologia moderna sta iniziando a liberare i fuochisti delle navi dalla loro professione infernale.

L'inventore che, con la distruzione atomica, troverà un sostituto pratico per il carbone avrà fatto di più per l'umanità che il riformatore di maggior successo, perché salverà milioni di lavoratori del carbone dalla loro esistenza disumana e cancellerà gran parte del carico di lavoro umano, mentre oggi nessun dittatore comunista potrebbe evitare di condannare la gente a quella vita sottoterra.

Il chimico che riuscisse a rendere commestibile il legno libererebbe il popolo dal giogo della carestia, che lo opprime da più tempo e più crudelmente di qualsiasi altra dominazione umana.

Né l'etica, né l'arte, né la religione, né la politica cancelleranno la maledizione biblica, ma la tecnologia. La tecnologia organica, la medicina, dovrebbe bandire la maledizione della donna: "Con doglie dolorose partorirai figli". La tecnologia inorganica dovrebbe bandire la maledizione dell'uomo: "Con il sudore della fronte mangerai il tuo pane".

Per molti aspetti, la nostra epoca è simile all'inizio dell'impero romano. A quel tempo, il mondo sperava nella salvezza attraverso la *Pax Romana* dell'impero. Il cambiamento sperato arrivò, ma da una direzione completamente diversa. Non dall'esterno, ma dall'interno. Non dalla politica, ma dalla religione. Non da Cesare Augusto, ma da Gesù Cristo.

Anche noi siamo di fronte a una svolta mondiale. Oggi l'umanità si aspetta che l'era socialista sia l'alba dell'età dell'oro. L'auspicato cambiamento del mondo arriverà, forse, ma non attraverso la politica, bensì attraverso la tecnologia. Non da un rivoluzionario, ma da un inventore. Non da Lenin, ma da un uomo che forse già oggi vive senza nome da qualche parte e che un giorno riuscirà a liberare l'umanità dalla carestia, dal gelo e dai lavori forzati aprendo nuove e inimmaginabili fonti di energia.

VII. OBIETTIVO FINALE DELLA TECNOLOGIA

1. CULTURA E SCHIAVITÙ

Ogni cultura precedente si è basata sulla schiavitù: quella antica sugli schiavi, quella medievale sui servi della gleba, quella moderna sulla classe operaia. L'importanza degli schiavi si basa sul fatto che essi creano libertà e tempo libero (precondizioni per qualsiasi cultura) per i loro signori attraverso la loro stessa mancanza di libertà e l'eccessivo lavoro. Perché non è possibile che le stesse persone svolgano il mostruoso lavoro fisico necessario per il cibo, i vestiti e l'alloggio di una generazione, e allo stesso tempo svolgano il lavoro mentale necessario per la creazione e il mantenimento di una cultura.

Ovunque esiste una divisione del lavoro: perché il cervello possa pensare, lo stomaco deve digerire; senza mettere le radici nella terra, nessuna pianta può fiorire. I portatori di ogni cultura sono persone sviluppate. Lo sviluppo è impossibile senza l'atmosfera di libertà e di svago; anche le rocce possono cristallizzarsi solo in uno stato liquido e libero. Dove è chiusa, non libera, deve rimanere amorfa.

La libertà e l'ozio dei pochi, che sono in grado di costruire una cultura, possono essere creati solo attraverso la schiavitù e l'eccessivo lavoro dei molti. Nelle regioni settentrionali e sovrappopolate del mondo, l'esistenza divina di migliaia di persone era sempre e ovunque costruita su centomila che vivevano come animali.

L'età moderna, con le sue idee cristiane e sociali, si trovava di fronte a due scelte: o rinunciare alla cultura o mantenere la schiavitù. Le considerazioni estetiche erano contrarie alla prima scelta, quelle etiche alla seconda. Alla prima si opponeva il gusto, alla seconda l'emozione.

L'Europa occidentale ha optato per la seconda scelta. Per preservare il resto della sua cultura borghese, la schiavitù è rimasta, ma mascherata da lavoro industriale, mentre la Russia si sta preparando a fare la prima scelta, liberando la forza lavoro, ma sacrificando la sua intera cultura per questa liberazione degli schiavi.

Entrambe le soluzioni sono insopportabili. Lo spirito umano deve cercare una via di fuga da questo dilemma; la trova nella tecnologia. Solo la tecnologia può spezzare la schiavitù e salvare la cultura.

2. LA MACCHINA

L'obiettivo finale della tecnologia è la sostituzione del lavoro degli schiavi con il lavoro delle macchine: elevare l'intera umanità a classe di uomini, al cui servizio lavora un esercito di forze naturali sotto forma di macchine.

Siamo sulla buona strada per raggiungere questo obiettivo. In passato, quasi tutte le energie tecniche dovevano essere generate dai muscoli umani o animali. Oggi sono spesso sostituite da vapore, elettricità e motorizzazione. Sempre più spesso l'uomo assume il ruolo di gestore dell'energia, anziché di generatore. Ancora ieri, il lavoratore tirava avanti la cultura in un risciò. Domani sarà il suo autista a osservare, pensare e guidare invece di correre e sudare.

La macchina è la liberazione delle persone dall'epoca del lavoro schiavo. Attraverso le macchine, una mente può fare più lavoro e creare più valore di milioni di mani. La macchina è la materializzazione dello spirito umano. La creazione grata dell'uomo, generata dallo spirito dell'inventore, nata dalla forza fisica dei lavoratori.

La macchina ha un doppio compito: aumentare la produzione e ridurre la manodopera.

Aumentando la produzione, la macchina soddisferà le esigenze, riducendo la manodopera, ponendo fine alla schiavitù.

Oggi il lavoratore può essere solo in minima parte umano, perché deve essere in gran parte macchina. In futuro, la macchina eseguirà il lavoro meccanico e lascerà l'umano, l'organico, agli uomini. È così che la macchina apre la prospettiva di elevare il lavoro umano a un piano intellettuale e individuale: la componente libera e creativa crescerà rispetto all'automatico-meccanico, lo spirituale rispetto al materiale. Solo allora il lavoro smetterà di spersonalizzare, meccanizzare e degradare le persone; allora il lavoro sarà simile al gioco, allo sport, all'attività libera e creativa. Non sarà più, come oggi, un capestro che opprime tutto ciò che è umano, ma uno strumento contro la noia, una distrazione e un esercizio fisico o mentale per lo sviluppo di tutte le sue capacità. Questo lavoro, che l'uomo svolgerà come il cervello della sua macchina e che si basa sul dominio, stimolerà invece di intontire, solleverà invece di deprimere.

3. SMANTELLAMENTO DELLA GRANDE CITTÀ

Oltre a questi due compiti, alleviare il bisogno aumentando la produttività e smantellare la schiavitù riducendo e individualizzando il lavoro, la macchina ha una terza missione culturale: la dissoluzione della metropoli moderna e il ritorno dell'uomo alla natura.

Le origini della metropoli moderna risalgono a un'epoca in cui il cavallo era il mezzo di trasporto più veloce e non esisteva il telefono. A quel tempo, era necessario che le persone vivessero in prossimità del proprio posto di lavoro e di conseguenza vivevano in uno spazio angusto.

La tecnologia ha cambiato queste condizioni: il treno veloce, l'automobile, la bicicletta e il telefono permettono oggi al lavoratore di vivere a molti chilometri di distanza dal suo ufficio. Non c'è più bisogno di costruire e accumulare caserme in affitto. In futuro, le persone avranno l'opportunità di vivere l'una accanto all'altra, invece che l'una sull'altra, respirando aria salubre nei giardini e vivendo una vita sana, pulita e dignitosa in stanze luminose e spaziose. I forni elettrici e a gas proteggeranno dal freddo invernale, le lampade elettriche dalle lunghe notti invernali. Lo spirito umano trionferà sull'inverno e renderà la zona settentrionale altrettanto confortevole di quella moderata.

Lo sviluppo verso la città giardino è già iniziato. I ricchi stanno lasciando i centri delle grandi città e si stabiliscono nelle loro periferie o nei loro dintorni. Le nuove città industriali si stanno espandendo orizzontalmente anziché verticalmente. A un livello più alto, le città del futuro saranno in qualche modo simili a quelle del Medioevo. Come le basse case civiche erano raggruppate intorno a un'enorme cattedrale, così ci sarà un enorme grattacielo (che includerà tutti gli uffici pubblici e privati e la sala da pranzo) circondato dalle case basse e dagli ampi giardini della città giardino. Nelle città industrializzate, la fabbrica sarà la cattedrale centrale del lavoro: la devozione delle persone in queste cattedrali del futuro sarà il lavoro per la comunità.

Coloro che non sono legati alla città per professione vivranno in campagna e parteciperanno alle comodità, alle attività e ai divertimenti delle città grazie ai servizi a lunga distanza e alle connessioni wireless.

Verrà un tempo in cui la gente non capirà come sia stato possibile vivere nei labirinti di pietra che oggi conosciamo come grandi città moderne. Le rovine saranno allora ammirate, come oggi le grotte degli speleologi. I medici si gratteranno la testa per capire come sia stato possibile, dal punto di vista igienico, che la gente potesse vivere e prosperare in un ambiente del genere, chiuso alla natura, alla libertà, alla luce e all'aria, in un'atmosfera di fuliggine, fumo, polvere e sporcizia.

L'imminente ridimensionamento della grande città, conseguenza della ripresa dell'ingegneria del traffico, è una condizione necessaria per una vera cultura. Perché nell'atmosfera innaturale e malsana della grande città di oggi, le persone sono sistematicamente avvelenate e paralizzate - corpo, anima e spirito. La cultura urbana è una pianta paludosa perché è portata da persone degenerate, morbose e decadenti, cadute volontariamente o involontariamente in questo vicolo cieco.

4. IL PARADISO CULTURALE DEL MILIONARIO

La tecnologia è in grado di offrire agli esseri umani moderni più felicità e possibilità di quante ne abbiano offerte i loro principi e re negli anni passati.

Naturalmente, all'inizio del periodo tecnologico mondiale, il numero di coloro che possono usufruire delle invenzioni dell'era moderna è ancora esiguo.

Un milionario moderno può circondarsi del lusso, del comfort e delle bellezze che il mondo ha da offrire. Può godere di tutti i frutti della natura e della cultura e può vivere senza lavorare dove e come vuole. Con il telefono o con l'auto, può scegliere di essere o meno in contatto con il mondo; può vivere come un eremita nella grande città o in società nella sua tenuta di campagna; non deve soffrire né per il clima né per la sovrappopolazione; la fame e il gelo gli sono estranei; con il suo aereo è padrone del cielo, con il suo yacht signore dei mari. Per molti versi è più libero e potente di Napoleone e Cesare. Loro potevano controllare solo gli esseri umani, ma non potevano sorvolare gli oceani e comunicare attraverso i continenti. Lui, invece, è il signore della natura. Le forze della natura lo servono come invisibili e potenti servitori e spiriti. Con il loro aiuto, può volare più veloce e più in alto di un uccello, guidare sulla terra più velocemente di una gazzella e vivere sott'acqua come un pesce. Grazie a queste capacità e a questi poteri è ancora più libero dell'indigeno dei mari del Sud e ha superato il percorso biblico. Sulla strada della cultura è tornato a un paradiso più perfetto.

La base per una vita così appagante è stata creata dalla tecnologia. Per pochi eletti, la tecnologia ha trasformato le foreste e le paludi in un paradiso culturale. In questi bambini fortunati l'uomo può vedere la promessa del destino per i suoi nipoti. Sono l'avanguardia dell'umanità in cammino verso il giardino dell'Eden del futuro. Ciò che oggi è eccezionale, con un maggiore progresso tecnico può diventare la regola. La tecnologia ha spalancato le porte del paradiso; finora solo pochi hanno varcato lo stretto ingresso, ma la strada è aperta e, grazie alla diligenza e allo spirito, tutta l'umanità può seguire questi fortunati bambini. L'uomo non deve disperare: non è mai stato così vicino alla meta come oggi.

Solo pochi secoli fa, il possesso di una vetrata, di uno specchio, di un orologio, di un sapone o di uno zucchero era un grande lusso: la tecnologia ha diffuso questi beni, un tempo rari, sulle masse. Come oggi tutti indossano un orologio e possiedono uno specchio, così forse tra un secolo o poco più ogni persona potrà avere un'auto, una villa e un telefono propri. La prosperità deve aumentare tanto più rapidamente e diventare più comune quanto più velocemente aumentano i numeri della produzione rispetto a quelli della popolazione. L'obiettivo culturale della tecnologia è quello di offrire a tutte le persone le opportunità di vita che oggi sono a disposizione dei milionari. Per questo la tecnologia lotta contro la necessità, non contro la ricchezza. Contro la schiavitù, non contro il dominio. L'obiettivo è la ricchezza, il potere, il tempo libero, la bellezza e la felicità per tutti. Non la proletarizzazione, ma l'aristocratizzazione dell'umanità.

VIII. SPIRITO DELL'ERA TECNOLOGICA

1. PACIFISMO EROICO

Il paradiso del futuro non si conquista con i colpi di stato. Può essere conquistato solo con il lavoro. Lo spirito dell'era tecnologica è eroico-pacifista: eroico, perché la tecnologia è guerra con un'arma cambiata, pacifista, perché la battaglia non è diretta contro gli uomini ma contro la natura.

L'eroismo tecnologico è incruento: l'eroe lavora, pensa, agisce e osa, non cercando di togliere la vita al suo simile, ma di liberarlo dalla schiavitù della fame, del freddo, dell'angoscia e del lavoro forzato.

L'eroe dell'era tecnologica è un eroe pacifico del lavoro e dell'intelletto.

Il lavoro dell'era tecnologica è l'ascesi: autocontrollo e sacrificio di sé. Nella sua forma ed estensione attuale, non è un piacere, ma un duro sacrificio che offriamo ai nostri simili e ai nostri discendenti.

Ascetismo significa esercizio: è l'espressione greca di ciò che in inglese è "training"; attraverso questa traduzione, la parola "ascetismo" perde il suo carattere pessimistico e diventa ottimistico-eroica.

L'ascetismo ottimista e vitale dell'era tecnologica sta preparando il regno di Dio sulla terra: sta spianando la terra per il paradiso; a questo scopo, sposta montagne, fiumi e laghi, avvolge il globo in fili e rotaie, crea piantagioni dalle foreste e terreni agricoli dalle steppe. Come un essere soprannaturale, l'uomo sta cambiando la superficie della terra in base alle sue esigenze.

2. LO SPIRITO DELLA PIGRIZIA

Nell'era del lavoro e della tecnologia non c'è vizio più grande della pigrizia, come nell'era della guerra non c'è vizio più grande della codardia.

Il superamento dell'inerzia è il compito principale dell'eroismo tecnologico.

Dove la vita si manifesta come energia, l'inerzia è il segno della morte. La lotta della vita contro la morte è una lotta dell'energia contro l'inerzia. La vittoria della morte sulla vita è una vittoria dell'inerzia sull'energia. I messaggeri della morte sono la vecchiaia e la malattia. In esse, l'inerzia vince sulla forza vitale: gli arti e i movimenti si afflosciano. La vitalità, il coraggio e la gioia di vivere si affievoliscono; tutto si inclina a terra, si stanca e diventa letargico, fino a quando l'uomo, che non può più avanzare e non può alzarsi, sprofonda nella tomba come vittima della letargia; lì l'inerzia trionfa sulla vita.

Tutti i giovani fiori crescono, contro la forza di gravità, verso il sole: tutti i frutti maturi cadono, sopraffatti dalla gravità, verso la terra.

Il simbolo della vittoria della tecnologia sulla gravità, della volontà e dello spirito umano sull'inerzia della materia è l'uomo volante. Poche cose sono così sublimi e belle come lui. Poesia e verità, romanticismo e tecnologia, le mitologie di Dedalo e Wieland si sposano qui con le visioni di Leonardo e Goethe. Attraverso le azioni degli scienziati, i sogni più selvaggi della poesia diventano realtà: su ali tese dalla sua mente e dalla sua volontà, l'uomo si eleva al di sopra dello spazio, del tempo e della gravità, della terra e del mare.

3. BELLEZZA E TECNOLOGIA

Chiunque dubiti ancora della bellezza della tecnologia si ammutolisce di fronte all'uomo volante. Ma non solo l'aereo ci regala una nuova bellezza: l'automobile, il motoscafo, la locomotiva veloce, il generatore hanno una loro specifica bellezza di azione e movimento. Ma poiché questa bellezza è dinamica, non può, come la bellezza statica del paesaggio, essere trattenuta da pennello, stilo e scalpello: quindi non esiste per chi non ha un senso originario della bellezza, che l'arte usa come guida nel labirinto del giardino della bellezza.

Una cosa è bella per l'ideale di armonia e vitalità che ci trasmette e per gli impulsi che abbiamo nella loro direzione. Ogni cultura crea i propri simboli di forza e bellezza: il greco accresceva la propria armonia nelle statue e nei templi; il romano accresceva la propria forza nelle lotte circensi di predatori e gladiatori; il cristiano medievale approfondiva e trasfigurava la propria anima attraverso l'amore per i sacrifici e i sacramenti; il cittadino moderno cresceva con gli eroi dei suoi teatri e dei suoi romanzi; il giapponese imparava la grazia e il destino dai suoi fiori.

In un'epoca di progresso irrequieto, l'ideale di bellezza doveva diventare dinamico, e con esso il suo simbolo. L'uomo dell'era tecnologica è un allievo della macchina che ha creato: da essa impara l'attività instancabile e la potenza concentrata. La macchina come creatura e tempio del santo spirito umano simboleggia il superamento della materia da parte della mente, della staticità da parte del movimento, della pigrizia da parte della potenza: alzarsi al servizio di un'idea, liberare l'umanità attraverso l'azione.

La tecnologia ha regalato all'età futura una nuova forma di espressione: il cinema. Il cinema si appresta a sostituire il teatro di oggi, la chiesa, il circo e l'anfiteatro dell'altro ieri, e a svolgere un ruolo di primo piano nella cultura dello stato lavorativo del futuro.

Con tutte le sue carenze artistiche, il cinema sta già iniziando a portare inconsapevolmente un nuovo vangelo alle masse: il vangelo del potere e della bellezza. Annuncia, al di là del bene e del male, la vittoria dell'uomo più forte e della donna più bella, sia che l'uomo superi il suo rivale in potenza corporea, volontà o intellettuale, avventuriero o eroe, criminale o detective, sia che la donna sia più sexy o più nobile, più graziosa o altruista delle altre, cortigiana o madre. Lo schermo urla agli uomini in migliaia di varianti: "Siate forti!". Alle donne: "Siate belle!".

Purificare ed espandere questa missione di educazione di massa che si assopisce nel cinema è uno dei compiti più grandi e importanti degli artisti di oggi, perché il cinema del futuro avrà senza dubbio un'influenza maggiore sulla cultura proletaria (della classe operaia) di quella che il teatro ha avuto sulla cultura borghese.

4. EMANCIPAZIONE

Il culto dell'era tecnologica è un culto del potere. Non c'è tempo e svago per lo sviluppo dell'armonia. In suo nome ci sarà l'età dell'oro della cultura, che seguirà l'età del ferro del lavoro.

Tipico dell'atteggiamento dinamico della nostra epoca è il suo carattere maschile-europeo. L'etica maschile-europea di Nietzsche è la protesta del nostro tempo contro la morale femminile-asiatica del cristianesimo.

L'emancipazione della donna è anche un sintomo della mascolinizzazione del nostro mondo, perché non porta al potere il tipo femminile, ma quello maschile. Mentre in passato la donna, grazie alla sua influenza sull'uomo, partecipava alla leadership mondiale, oggi sono gli "uomini" di entrambi i sessi a detenere lo scettro del potere economico e politico. L'emancipazione della donna significa il trionfo dell'"uomo-donna" sulla donna reale e femminile; non porta alla vittoria, ma all'abolizione della donna. La "signora" è già estinta: la "donna" dovrebbe seguirla. Attraverso l'emancipazione, il sesso femminile, che è stato parzialmente escluso, viene mobilitato per la guerra tecnologica e inserito nell'esercito del lavoro.

L'emancipazione degli asiatici avviene nelle stesse condizioni dell'emancipazione delle donne; è un sintomo dell'europeizzazione del nostro mondo: perché non porta alla vittoria il tipo asiatico, ma quello europeo. Mentre in passato lo spirito asiatico dominava l'Europa attraverso il cristianesimo, oggi gli europei bianchi e di colore condividono il dominio del mondo. Il cosiddetto Risveglio dell'Oriente significa il trionfo dell'europeo giallo sul vero orientale; non porta alla vittoria, ma alla distruzione della cultura asiatica. Dove il sangue dell'Asia trionfa in Oriente, con esso vince lo spirito dell'Europa: la mente maschile, dura, dinamica, propositiva, attiva, razionale. Per partecipare al progresso, l'Asia deve sostituire la sua anima armoniosa e la sua cultura con quella europea. L'emancipazione degli asiatici significa il loro ingresso nell'esercito europeo-americano del lavoro e la loro mobilitazione per la guerra della tecnologia. Dopo il suo completamento, l'Asia tornerà a essere asiatica e le donne potranno tornare a essere femminili: allora l'Asia e le donne educheranno il mondo in un'armonia più pura. Fino ad allora, però, gli asiatici dovranno indossare l'uniforme europea, le donne quella maschile.

5. CRISTIANESIMO E CAVALLERIA

Chiunque intenda la cultura come armonia con la natura deve definire la nostra epoca barbara; chi intende la cultura come confronto con la natura riconosce la forma specifica, maschile-europea, della nostra cultura. L'origine cristiano-asiatica dell'etica europea ci ha fatto fraintendere il valore etico del progresso della tecnologia; è solo sotto la prospettiva di Nietzsche che la lotta eroico-ascetica dell'età tecnologica per la salvezza attraverso la mente e il lavoro appare come buona e nobile.

Le virtù dell'era tecnologica sono soprattutto: energia, perseveranza, coraggio, rinuncia, autocontrollo e solidarietà. Queste qualità acciaccano l'anima alla dura lotta incruenta del lavoro sociale.

L'etica del lavoro segue l'etica cavalleresca della battaglia: entrambi sono maschi, entrambi nordici. Ora questa etica si adatterà alle nuove condizioni e metterà un nuovo onore lavorativo al posto dell'onore cavalleresco sopravvissuto. Il nuovo concetto di onore sarà basato sul lavoro, la nuova vergogna sulla pigrizia. Il pigro sarà considerato e disprezzato come un disertore del fronte del lavoro. Gli oggetti del nuovo culto dell'eroe saranno gli inventori, invece dei baroni: i creatori di valore invece dei distruttori di valore.

Dalla morale cristiana, l'etica del lavoro prenderà il sopravvento sullo spirito del pacifismo e del socialismo: perché solo la pace è produttiva per il progresso tecnologico, mentre la guerra è distruttiva, e perché solo lo spirito sociale di cooperazione di tutti i creatori può portare alla vittoria della tecnologia sulla natura.

6. IL PERICOLO BUDDISTA

Ogni propaganda passiva e ostile allo sviluppo tecnologico e industriale è un tradimento contro l'esercito della forza lavoro europea: perché è un invito alla ritirata e alla diserzione durante la campagna decisiva. I tolstoiani e i neobuddisti sono colpevoli di questo crimine culturale: sfidano l'umanità ad arrendersi alla natura poco prima della vittoria finale, ad evacuare il terreno conquistato dalla tecnologia e a tornare volontariamente alla primitività dell'agricoltura e dell'allevamento. Stanchi della battaglia, vogliono che l'Europa viva un'esistenza povera e infantile invece di creare un mondo nuovo attraverso la massima applicazione della mente, della volontà e dei muscoli.

Ciò che è ancora vitale e vitale in Europa rifiuta questo suicidio culturale: percepisce l'unicità della sua situazione e la sua responsabilità nei confronti delle generazioni future. Deporre le armi della tecnologia riporterebbe il mondo nel ciclo culturale asiatico. La rivoluzione tecnologica mondiale che si chiama Europa crollerebbe e seppellirebbe una delle più grandi speranze dell'umanità. L'Europa, che vive delle sue creazioni eroiche, deve rifiutare interiormente lo spirito del buddismo. Il Giappone, quando diventa più industrializzato, deve rifiutare internamente il buddismo; così, più l'Europa si sottomette internamente al buddismo, deve trascurare e tradire la sua missione tecnologica. Il buddismo è un meraviglioso coronamento per le culture mature, ma un pericoloso veleno per le culture nascenti. La sua visione del mondo è buona per la vecchiaia, per l'autunno - come la religione di Nietzsche è per la giovinezza e la primavera - e il credo di Goethe è per la fioritura dell'estate.

Il buddismo avrebbe soffocato la tecnologia e con essa lo spirito dell'Europa.

L'Europa deve rimanere fedele alla sua missione e non rinnegare mai le radici della sua natura: eroismo e razionalismo, volontà germanica e spirito ellenistico. Perché il miracolo che è l'Europa è nato dal matrimonio di questi due elementi. La cieca pulsione dei barbari nordici è divenuta perspicace e fruttuosa grazie al contatto con la cultura spirituale delle nazioni dell'Europa di mezzo: così, i guerrieri sono diventati pensatori, gli eroi sono diventati inventori.

Il misticismo dell'Asia minaccia la chiarezza mentale dell'Europa; il passivismo dell'Asia minaccia la sua energia maschile. Solo se l'Europa resisterà a queste tentazioni e a questi pericoli e si ricorderà dei suoi ideali ellenici e germanici, potrà combattere la battaglia della tecnologia fino in fondo, per riscattare se stessa e il mondo.

IX. STINNES E KRASSIN

1. STATI ECONOMICI

Stinnes è il leader dell'economia capitalista della Germania-Krassin è il leader dell'economia comunista della Russia. Di seguito vengono considerati come esponenti della produzione capitalista e comunista, non come personalità.

Dopo il crollo delle tre grandi monarchie militari europee, nella nostra parte del mondo sono rimasti solo Stati economici: i problemi economici sono al centro della politica interna ed esterna: Mercurio governa il mondo, come erede di Marte, come precursore di Apollo.

La trasformazione dallo Stato militare allo Stato economico è l'espressione politica del fatto che, invece del fronte di guerra, il fronte del lavoro è passato in primo piano nella storia.

Gli Stati militari corrispondono all'età della guerra, quelli economici all'età del lavoro.

Lo Stato comunista, così come quello capitalista, sono Stati del lavoro, non più di guerra e non ancora di cultura. Entrambi sono caratterizzati dalla produzione e dal progresso. Entrambi sono governati da produttori, come un tempo gli Stati militari erano governati da militari: il comunista dai leader dei lavoratori industriali, il capitalista dai leader degli industriali.

Il capitalismo e il comunismo sono legati l'uno all'altro tanto quanto il cattolicesimo e il protestantesimo, che per secoli si sono considerati opposti e si sono combattuti sanguinosamente. Non la loro differenza, ma la loro parentela è la causa dell'aspro odio con cui si perseguitano a vicenda.

Finché i capitalisti e i comunisti ritengono che sia lecito e imperativo uccidere o far morire di fame le persone che sostengono principi economici diversi, sono entrambi a un livello molto basso di sviluppo etico. In teoria, ovviamente, le premesse e gli obiettivi del comunismo sono più etici di quelli del capitalismo, perché si basano su punti di vista più oggettivi e più equi.

Tuttavia, le considerazioni etiche non sono decisive per il progresso tecnologico: qui la questione decisiva è se il sistema capitalista o comunista sia più razionale e più adatto a portare avanti la guerra di liberazione della tecnologia contro le forze della natura.

2. IL FIASCO RUSSO

Il successo parla a favore di Stinnes, contro Krassin: l'economia capitalista è fiorente, mentre quella comunista è ferma. Dedurre il valore dei due sistemi da questa affermazione sarebbe semplicemente ingiusto. Non bisogna infatti dimenticare in quali circostanze il comunismo ha preso il sopravvento e ha guidato l'economia russa: dopo un collasso militare, politico e sociale, dopo la perdita di importanti aree industriali, in una lotta contro il mondo intero, sotto la pressione di anni di blocco, di una continua guerra civile e di una resistenza passiva da parte di contadini, civili e intellighenzia; a tutto ciò si è aggiunta la catastrofica crisi dei raccolti. Se si considerano tutte queste circostanze, nonché il basso talento organizzativo e l'istruzione del popolo russo, ci si può solo meravigliare che una parte dell'industria russa sia sopravvissuta.

Paragonare il fallimento del comunismo di cinque anni fa con il successo del capitalismo maturo in queste circostanze, sarebbe altrettanto ingiusto che paragonare un neonato a un uomo adulto e poi stabilire che il bambino è un idiota - mentre in lui, forse, dorme un genio.

Anche se il comunismo in Russia dovesse crollare, sarebbe altrettanto ingenuo dichiarare che la rivoluzione appartiene al passato, così come sarebbe stato sciocco, dopo il crollo del movimento hussita, credere che la riforma fosse finita: perché dopo qualche decennio Lutero apparve e portò alla vittoria molte delle idee hussite.

3. PRODUZIONE CAPITALISTA E COMUNISTA

Il vantaggio essenziale dell'economia capitalista risiede nella sua esperienza. Controlla tutti i metodi di organizzazione e produzione, tutti i segreti strategici nella lotta tra uomo e natura, e dispone di uno staff di ufficiali industriali preparati. Il comunismo, invece, è costretto a progettare nuovi piani di guerra con uno stato maggiore e uno staff di ufficiali inadeguati, a sperimentare nuovi metodi di organizzazione e produzione. Stinnes può avanzare su binari conosciuti, mentre Krassin deve essere un esploratore nella giungla della rivoluzione economica.

Attraverso la concorrenza, il profitto e il rischio, il capitalismo possiede un motore insuperabile che mantiene l'apparato economico in costante movimento: l'egoismo. Ogni imprenditore, inventore, ingegnere e lavoratore dello Stato capitalista imbriglia costantemente le proprie forze per evitare di essere sopraffatto dalla concorrenza e affondare. I soldati e gli ufficiali dell'esercito del lavoro devono avanzare per non finire sotto le ruote.

La libera iniziativa di un'azienda è un altro vantaggio del capitalismo, a cui la tecnologia deve molto. Uno dei problemi più difficili del comunismo è evitare la burocrazia economica da cui è costantemente minacciato.

Il principale vantaggio tecnico del comunismo sta nel fatto che ha la possibilità di combinare tutte le forze produttive e le risorse naturali della sua area economica e di utilizzarle razionalmente secondo un piano uniforme. Così facendo, risparmia tutte le forze che il capitalismo spreca per difendersi dalla concorrenza. La sistematicità di base dell'economia comunista, che oggi si impegna a razionalizzare l'impero russo secondo un piano unitario, rappresenta tecnicamente un vantaggio sostanziale rispetto all'anarchia produttiva capitalista. L'esercito operaio comunista combatte sotto un unico comando contro la natura ostile, mentre i battaglioni operai frammentati del capitalismo non solo combattono contro il nemico comune, ma anche l'uno contro l'altro, per eliminare la concorrenza. Inoltre, Krassin tiene in pugno il suo esercito più saldamente di Stinnes, perché gli operai dell'esercito di Stinnes sono consapevoli che parte del loro lavoro è per l'arricchimento di un'impresa straniera e ostile, mentre l'esercito di Krassin è consapevole di lavorare per lo Stato comunista, di cui sono partner e sostenitori. Stinnes appare ai suoi operai come oppressore e avversario, Krassin come leader e socio. Pertanto, Krassin può osare vietare gli scioperi e introdurre il lavoro domenicale, mentre per Stinnes ciò sarebbe impossibile.

L'esercito di Stinnes è decomposto dal crescente malcontento e dall'ammutinamento, mentre l'esercito di Krassin, nonostante le sue necessità materiali, è sostenuto da un obiettivo "ideale". In breve, la guerra contro le forze della natura è una guerra civile in Russia, mentre in Europa e in America è una guerra dinastica di re industriali.

Il lavoro dell'operaio comunista è una battaglia per il suo Stato e la sua forma di Stato; il lavoro dell'operaio capitalista è una battaglia per la sua vita. In questo caso, il motore principale del lavoro è l'egoismo, mentre in questo caso è l'*idealismo politico.* Purtroppo, allo stato attuale dell'etica, l'egoismo è un motore più forte dell'idealismo, e quindi il valore di lotta dell'esercito di lavoratori capitalisti è maggiore di quello dei comunisti. Il comunismo ha un piano economico più razionale, il capitalismo ha un motore lavorativo più forte.

Il capitalismo fallirà non per i suoi difetti tecnici, ma per quelli etici. Il malcontento dell'esercito di Stinnes non sarà tenuto a freno dai fucili nel lungo periodo. Il capitalismo puro si basa sulla dipendenza e sull'ignoranza dei lavoratori, come l'obbedienza schiavista dei militari. Più la classe operaia diventa indipendente, sicura di sé e istruita, più sarà impossibile per i privati farla lavorare per i propri interessi privati.

Il futuro appartiene a Krassin: l'esperimento russo deciderà l'economia di oggi. Ecco perché è nell'interesse di tutto il mondo non solo non disturbare questo esperimento, ma sostenerlo con forza. Perché solo così il suo esito sarà una risposta alla domanda se il comunismo è in grado di riformare l'economia di oggi o se il male necessario del capitalismo è preferibile ad esso.

4. MERCENARI E SOLDATI DEL LAVORO

Il capitalismo corrisponde all'esercito mercenario nell'epoca della guerra, il comunismo all'esercito del popolo. All'epoca dei mercenari, ogni uomo ricco poteva reclutare ed equipaggiare un esercito militare, che stipendiava e comandava, così come oggi ogni uomo ricco può reclutare ed equipaggiare un esercito di lavoratori, che stipendia e comanda.

Tre secoli fa, Wallenstein ha svolto in Germania un ruolo analogo a quello di Stinnes oggi: con l'aiuto della sua fortuna, che aveva moltiplicato nella guerra di Boemia, e dell'esercito che promuoveva e manteneva, Wallenstein si è trasformato da uomo privato nella personalità più potente del Reich tedesco - proprio come Stinnes oggi, grazie alla sua fortuna, che ha aumentato nella guerra mondiale, così come attraverso la stampa e un esercito di lavoratori, che promuove e mantiene, è diventato l'uomo più potente della Repubblica tedesca.

Nello Stato capitalista, l'operaio è un mercenario, l'imprenditore è il comandante - nello Stato comunista, l'operaio è un soldato, subordinato ai generali controllati dallo Stato. Come i comandanti conquistavano e costruivano dinastie con il sangue dei loro mercenari, così i comandanti moderni conquistano con il sudore dei loro operai ricchezza e potere e costruiscono dinastie plutocratiche.

Come ogni comandante mercenario di allora, così i leader dell'industria oggi negoziano alla pari con i governi e gli Stati: influenzano la politica con i loro soldi, come un tempo facevano con il loro potere.

La riforma dell'esercito del lavoro, attuata dal comunismo, corrisponde in tutti i dettagli alla riforma dell'esercito che tutti gli Stati moderni hanno subito.

La riforma dell'esercito ha sostituito gli eserciti mercenari con eserciti popolari: ha introdotto l'arruolamento obbligatorio, ha nazionalizzato l'esercito, ha vietato il reclutamento privato, ha sostituito i proprietari terrieri con ufficiali statali e ha glorificato eticamente l'esercito.

Lo Stato del lavoro sta introducendo le stesse riforme nell'esercito del lavoro: proclama il lavoro obbligatorio, nazionalizza l'industria, vieta l'impresa privata, sostituisce gli imprenditori privati con dirigenti nominati dallo Stato e glorifica il lavoro come un dovere morale.

Stinnes e Krassin sono entrambi comandanti di potenti forze di lavoro che combattono contro il nemico comune: la natura nordica. Stinnes guida un esercito di mercenari come un moderno Wallenstein - Krassin guida un esercito di popolo come feldmaresciallo di uno Stato operaio. Sebbene questi due leader si considerino avversari, sono alleati, marciano separati, ma colpiscono come una cosa sola.

5. CAPITALISMO SOCIALE-COMUNISMO LIBERALE

Come la rigenerazione del cattolicesimo fu una conseguenza della riforma, così la rivalità tra capitalismo e comunismo potrebbe fecondare entrambi: se, invece di combattersi con omicidi, calunnie e sabotaggi, si limitassero a mostrare il loro valore superiore attraverso i risultati culturali.

Nessuna giustificazione teorica del capitalismo promuove questo sistema più del fatto indiscutibile che la vita dei lavoratori americani (alcuni dei quali si recano al lavoro con la propria auto) sia di fatto migliore di quella dei russi, che muoiono ugualmente di fame e di inedia. Perché la prosperità è più importante dell'uguaglianza: è meglio che tutti prosperino e pochi si arricchiscano piuttosto che prevalga una miseria generale e uguale. Solo l'invidia e la pedanteria possono resistere a questo giudizio. Il meglio, naturalmente, sarebbe un benessere universale e uguale, ma questo è nel futuro, non nel presente: può essere realizzato solo dalla tecnologia, non dalla politica.

Il capitalismo americano è consapevole di potersi reggere solo attraverso una generosa azione sociale. Si considera un fiduciario della ricchezza nazionale, che utilizza per promuovere invenzioni, scopi culturali e umanitari.

Solo un capitalismo sociale che si sforza di riconciliarsi con la forza lavoro ha una possibilità di sopravvivenza: solo un comunismo liberale che cerca di riconciliarsi con l'intellighenzia ha una possibilità di sopravvivenza. L'Inghilterra sta tentando la prima strada, la Russia la seconda. Condurre una guerra contro la volontà degli ufficiali è altrettanto impossibile nel lungo periodo che contro la volontà delle truppe. Questo vale anche per l'esercito dei lavoratori: dipende da leader esperti e da lavoratori volenterosi.

Krassin ha capito che è necessario che il comunismo impari dal capitalismo. Per questo motivo ha recentemente promosso l'iniziativa privata, nominando a capo delle imprese statali ingegneri energici ed esperti con la più ampia autorità e partecipazione ai profitti, e ha riportato in patria parte degli industriali sfollati; infine, sostiene il debole motore dell'idealismo con l'egoismo, l'ambizione e la coercizione, e attraverso questo sistema misto cerca di aumentare il rendimento lavorativo del proletariato russo.

Solo questi metodi capitalistici possono salvare il comunismo: Krassin si è reso conto che l'inverno e la siccità sono despoti russi più crudeli di tutti gli zar e i granduchi: a loro si applica la guerra di liberazione più decisiva. Per questo oggi si concentra sulla lotta alla fame, sull'elettricità e sulla ricostruzione dell'industria e delle ferrovie, sacrificando anche una serie di principi politici per questi piani tecnici. Egli sa che il suo successo o il suo fallimento economico determineranno la sua politica e che dipenderà da lui se la rivoluzione russa porterà alla fine alla soluzione del mondo o alla delusione del mondo.

Allo stato attuale dell'etica, l'abolizione della proprietà privata fallirà a causa di un'insormontabile resistenza psicologica. Tuttavia, il comunismo rimane un punto di svolta nello sviluppo economico dallo Stato imprenditoriale allo Stato operaio, così come l'evoluzione politica dall'arido sistema della democrazia plutocratica a una nuova aristocrazia sociale di persone intelligenti.

6. SOCIETÀ E SINDACATI

Finché il comunismo si dimostrerà troppo immaturo per condurre la battaglia di liberazione tecnologica, Krassin e Stinnes dovranno trovare un'intesa. Questo modo di cooperare invece di lavorare l'uno contro l'altro sarà rifiutato dagli sciocchi fanatici del capitalismo e del comunismo: solo le migliori teste di entrambi i campi si incontreranno nella consapevolezza che è meglio salvare la cultura mondiale con la pace dell'intesa, che distruggerla con una vittoria violenta. Allora i comandanti dei mercenari diventeranno generali dell'economia e i mercenari soldati.

Nell'economia "rossa" di domani non ci potrà essere uguaglianza tra chi guida e chi è guidato: ma i futuri industriali non saranno più irresponsabili come oggi, ma si sentiranno responsabili per la comunità. Gli industriali improduttivi (commercianti) spariranno dalla vita economica come un tempo spariranno dall'esercito i generali di corte decorati. Come spesso accade oggi, il capitalista produttivo dovrà diventare il lavoratore più intensivo della sua fabbrica. Riducendo contemporaneamente i suoi profitti in eccesso, si raggiungerà un giusto equilibrio tra il suo lavoro e il suo reddito.

Due gruppi di forze economiche iniziano a condividere la guida dell'economia nello Stato capitalista operaio: i rappresentanti degli imprenditori e dei lavoratori. Le corporazioni e i sindacati. La loro influenza sulla politica sta crescendo e supererà l'importanza dei parlamenti. Si completeranno e si controlleranno a vicenda come il senato e il tribunale, la camera alta e la camera bassa. La conquista delle forze naturali e l'acquisizione delle risorse naturali saranno guidate dalle corporazioni, mentre la distribuzione del bottino sarà controllata dai sindacati.

Sul terreno comune dell'aumento della produzione e del perfezionamento della tecnologia, Stinnes e Krassin si incontreranno: sono avversari nella questione della distribuzione, ma compagni nella questione della produzione: lottano l'uno contro l'altro nella questione del metodo economico - combattono insieme nella guerra del popolo contro le forze della natura.

X. DALLO STATO OPERAIO ALLO STATO DI CULTURA

1. ADORAZIONE DEI BAMBINI

La nostra epoca è allo stesso tempo un'epoca di tecnologia e di cultura. Ha due esigenze:

-Espansione dello Stato operaio

-Preparazione dello Stato della cultura

Il primo compito mette la politica al servizio della tecnologia, il secondo al servizio dell'etica. Solo l'attenzione alla prossima età della cultura dà all'umanità sofferente e in lotta dell'età tecnologica la forza di continuare la battaglia contro le forze della natura fino alla vittoria.

Il lavoro supplementare svolto dall'uomo moderno è la sua eredità per gli uomini del futuro; attraverso questo lavoro supplementare, egli accumula un capitale di conoscenze, macchine e valori del cui interesse potranno godere i suoi nipoti.

La divisione dell'umanità in padroni e schiavi, in portatori di cultura e lavoratori forzati, è oggi riconosciuta. Ma queste classi stanno iniziando a spostarsi dal sociale al temporale. Non siamo gli schiavi dei nostri contemporanei, ma dei nostri nipoti. Invece di contrapporre classi di schiavi e padroni, la nostra cultura si basa su una successione di padroni e schiavi. Il mondo del lavoro di oggi pone le basi per il mondo della cultura di domani.

Come un tempo il piacere culturale dei signori era costruito sul superlavoro degli schiavi, così il piacere culturale del futuro sarà costruito sul superlavoro attuale. La popolazione attuale è al servizio di quella futura; noi seminiamo perché altri possano raccogliere; il nostro tempo lavora, ricerca e lotta perché il mondo futuro emerga in bellezza.

Così, il culto dei bambini prende il posto del culto orientale degli antenati. Fiorisce nello Stato capitalista come in quello comunista: in America come in Russia. Il mondo si inginocchia davanti al bambino come a un idolo, come alla promessa di un futuro migliore. È diventato un dogma considerare prima di tutto il bambino in tutte le opere di carità. Nell'Occidente capitalista, i padri lavorano fino alla morte per lasciare ai figli opportunità di vita più ricche. Nell'Est comunista, un'intera generazione vive e muore nella miseria per assicurare un futuro più felice e più giusto ai propri discendenti. L'età europea è dedicata al futuro.

Il culto occidentale del bambino è radicato nella fede nell'evoluzione. L'europeo considera il nuovo migliore, più sofisticato; crede che i suoi nipoti saranno più degni di libertà di lui e dei suoi contemporanei: crede che il mondo stia andando avanti. Mentre l'orientale vede il presente in equilibrio tra passato e futuro, all'europeo appare come una palla che rotola, che liberata dal passato si precipita verso un futuro sconosciuto. L'asiatico è al di là del tempo; l'europeo si muove con il tempo: rifiuta il suo passato e abbraccia il suo futuro. La sua storia è una costante dichiarazione sul passato e una spinta verso il futuro. Poiché sente il progresso del tempo, per lui un arresto significa un passo indietro. Egli vive in un mondo erculeo di divenire; l'asiatico vive nel mondo parmenideo dell'essere.

In base a questa visione, la nostra epoca può essere giudicata solo dal punto di vista di quella che verrà. È un tempo di preparazione e di battaglia, di immaturità e di transizione. Siamo una giovane generazione che attraversa il ponte tra due mondi e si trova all'inizio di un circolo culturale sfrenato. Ci sentiamo al meglio quando avanziamo, cresciamo e combattiamo, non nel pacifico godimento della maturità orientale. Il nostro obiettivo non è il piacere, ma la libertà; la tranquillità non è la nostra strada, ma l'azione.

2. LAVORO OBBLIGATORIO

L'espansione dello Stato del lavoro è un obbligo culturale della nostra epoca. Lo Stato del lavoro è l'ultimo stadio dell'uomo sulla via del paradiso culturale del futuro.

Espandere lo stato del lavoro significa: mettere tutte le forze disponibili della natura e dell'uomo nel modo più razionale al servizio della produzione e del progresso tecnologico.

In un'epoca che sta costruendo le fondamenta delle culture future, nessuno ha il diritto di oziare. Il lavoro obbligatorio è un dovere etico e tecnico allo stesso tempo.

Popper-Lynkeus ha elaborato un programma ideale per lo sviluppo dello Stato del lavoro nella sua opera "Una sussistenza garantita per tutti". Egli chiede che il servizio militare obbligatorio sia sostituito dal servizio lavorativo obbligatorio. Questo durerebbe più anni e permetterebbe allo Stato di garantire a tutti i suoi membri un minimo di cibo, alloggio, vestiti, riscaldamento e cure mediche per tutta la vita. Questo programma potrebbe porre fine alla miseria e alle preoccupazioni e allo stesso tempo alla dittatura dei capitalisti e dei proletari. Le differenze di classe cesserebbero in seguito al lavoro obbligatorio, come la differenza tra soldati professionisti e civili cessa in seguito al servizio militare obbligatorio. L'abolizione del proletariato, tuttavia, è un ideale più desiderabile della sua regolamentazione.

Il lavoro obbligatorio universale è il prezzo richiesto da Popper-Lynkeus per l'eliminazione della miseria e delle preoccupazioni. Ridurre questo lavoro obbligatorio al minimo, migliorando la tecnologia e l'organizzazione, e infine sostituirlo con il lavoro volontario, costituisce la seconda fase dello Stato del lavoro.

La speranza espressa da Lenin in "Stato e Rivoluzione" che la gente continui a lavorare volontariamente anche dopo l'abolizione del lavoro obbligatorio non è un'utopia per i nordici. Perché l'europeo e l'americano irrequieti non trovano soddisfazione nell'inattività; attraverso diverse migliaia di anni di necessità, il lavoro è diventato una seconda natura per lui; ne ha bisogno per esercitare i suoi poteri e bandire i fantasmi della noia. Il suo ideale è l'azione, non la contemplazione. Per questo motivo, e non per avidità, la maggior parte dei milionari in Occidente continua a lavorare senza sosta invece di godersi la propria ricchezza. Per lo stesso motivo, molti lavoratori dipendenti considerano il loro pensionamento come uno shock; preferiscono il lavoro abituale all'ozio forzato.

Allo stato attuale della tecnologia, il lavoro volontario sarebbe insufficiente a fornire tutte le necessità: sono necessari ancora molto superlavoro e lavoro obbligatorio per spianare la strada a un lavoro bello e libero del futuro.

Gli inventori aprono la strada al futuro. Il loro lavoro instancabile e silenzioso è più essenziale e significativo per la cultura di quanto non lo siano i chiassosi politici e artisti che si spingono alla ribalta dell'arena mondiale. La società moderna è obbligata a promuovere i suoi inventori e le loro attività in tutti i modi possibili: dovrebbe concedere loro la posizione privilegiata che il Medioevo concedeva a monaci e sacerdoti, offrendo loro la possibilità di inventare senza preoccupazioni.

Gli inventori sono le personalità più importanti del nostro tempo; i lavoratori industriali sono i loro pilastri; sono i precursori della lotta dell'umanità per la sovranità, dando vita alle creazioni nate dall'invenzione.

3. STATO PRODUTTORE E CONSUMATORE

Un altro dovere dello Stato del lavoro è quello di aumentare la prosperità generale incrementando la produzione.

Non appena viene immessa sul mercato una quantità di cibo superiore a quella che può essere consumata, la fame cessa e lo stato di beatitudine del Paese ritorna ad un livello superiore.

Solo quando la città costruirà più appartamenti di quante famiglie ospita potrà bandire la carenza di alloggi, che invece allevia, ridistribuisce e sposta solo attraverso l'edilizia forzata.

Solo quando si produrranno tante auto quante sono gli orologi da tasca, ogni lavoratore diventerà proprietario di un'auto: non dando ai commissari le auto confiscate dei direttori di banca.

Solo attraverso la produzione, non attraverso la confisca, la prosperità di un popolo può aumentare continuamente.

Nello Stato capitalista, la produzione dipende dalla determinazione dei prezzi. Se è nell'interesse del prezzo, il produttore è altrettanto determinato a distruggere i suoi prodotti che a produrli, a inibire la tecnologia che a promuoverla, a ridurre la produzione che ad aumentarla. Se il progresso tecnologico e culturale è coerente con i suoi interessi, è pronto a promuoverli; se sono in conflitto tra loro, non si fa scrupoli a scegliere i profitti rispetto alla tecnologia, alla produzione e alla cultura. È interesse costante dei produttori che la domanda superi sempre l'offerta, mentre è interesse dei consumatori che l'offerta superi la domanda.

Il produttore vive del bisogno del consumatore: i produttori di grano vivono del fatto che la gente muore di fame; i produttori di carbone vivono del fatto che la gente gela. Hanno interesse a perpetuare la fame e il gelo. L'industria del pane saboterebbe l'invenzione di un sostituto del pane, l'industria del carbone l'invenzione di un sostituto del carbone; cercherebbero anche di comprare e distruggere tali invenzioni. I lavoratori dei settori interessati sarebbero solidali con le aziende per non perdere lavoro e reddito.

Gli industriali e gli operai sono interessati a prezzi più alti per i loro prodotti industriali, gli agricoltori e i braccianti a prezzi più alti per i loro prodotti agricoli. Come produttori, i desideri delle persone divergono, mentre come consumatori tutti hanno lo stesso obiettivo comune: ridurre i prezzi aumentando la produzione.

Un'altra malizia dello "Stato produttore" è la pubblicità. È una conseguenza necessaria della concorrenza e consiste nell'aumento della domanda attraverso la pubblicità artificiale del desiderio umano. Mettere in mostra e imporre il lusso, che risveglia il desiderio senza mai poterlo soddisfare, agisce come causa principale dell'invidia generale, dell'insoddisfazione generale e dell'amarezza. Nessun abitante della città può comprare tutti i beni che gli vengono mostrati: si sente quindi sempre povero, rispetto alle ricchezze e ai piaceri esibiti. La devastazione spirituale causata dalla pubblicità può essere eliminata solo abolendo la concorrenza; la concorrenza può essere eliminata solo allontanandosi dal capitalismo.

Nonostante il grande progresso che l'era tecnologica deve al capitalismo, non deve essere accecata dalle minacce che provengono da questo lato: deve realizzare in tempo un sistema migliore per evitare gli errori del capitalismo.

Il rivale ed erede dello Stato imprenditore capitalista - lo "Stato del lavoro" comunista - contiene una parte degli errori del suo predecessore, perché anche in esso c'è un gruppo di produttori; anch'esso è uno Stato produttore.

Lo stato culturale del futuro, invece, sarà uno stato di consumo: la sua produzione sarà controllata dal consumatore, e non, come avviene oggi, il consumatore dai produttori. La produzione non sarà per il profitto, ma per il benessere generale e la cultura: non per il bene dei produttori, ma dei consumatori.

La missione futura del Parlamento è quella di rappresentare gli interessi comuni di tutti i consumatori, i cui portavoce oggi sono ancora i rappresentanti e i partiti.

4. RIVOLUZIONE E TECNOLOGIA

Il rovesciamento dell'economia che dovrebbe trasformare l'attuale anarchia produttiva europea in un nuovo ordine non deve mai dimenticare la sua missione produttiva e deve stare in guardia per non cadere nei metodi distruttivi della Russia. A causa della sua posizione settentrionale e della sovrappopolazione, l'Europa dipende maggiormente dal lavoro e dalla produzione organizzata. Non può vivere, nemmeno temporaneamente, con le elemosine della sua natura avara; tutto ciò che ha ottenuto lo deve alle gesta del suo esercito di lavoratori. Una disorganizzazione radicale attraverso la guerra o l'anarchia significherebbe la morte culturale dell'Europa: perché un arresto temporaneo della produzione europea significherebbe che cento milioni di europei morirebbero di fame; l'Europa, che non ha la capacità di resistenza della Russia, non potrebbe sopravvivere a una simile catastrofe. L'etica chiede al prossimo rovesciamento dell'Europa di proteggere e santificare la vita umana; la tecnologia chiede al prossimo rovesciamento dell'Europa di proteggere e santificare le creazioni umane.

Chiunque uccida volontariamente un essere umano pecca contro lo spirito santo della comunità; chiunque distrugga volontariamente una macchina pecca contro lo spirito santo del lavoro. Il capitalismo si è macchiato di questo doppio crimine nella guerra mondiale, il comunismo nella rivoluzione russa. Nessuno dei due rispettava la vita umana o il lavoro umano.

Se l'Europa è in grado di insegnare, può imparare dalla rivoluzione russa quali metodi non deve usare, perché è un monito sull'importanza della tecnologia e sulla vendetta che essa si prende sui suoi detrattori. I leader russi pensavano di poter salvare il loro Paese e il mondo solo con obiettivi etici e mezzi militari, piuttosto che con il lavoro e la tecnologia. Hanno sacrificato l'industria e la tecnologia del loro Paese per la politica. Mentre raggiungevano le stelle, hanno perso il terreno della produzione sotto i loro piedi e sono caduti nell'abisso della miseria. Per salvarsi da questo abisso in cui i popoli russi si stanno deteriorando, i leader comunisti sono costretti a chiedere aiuto ai loro mortali nemici capitalisti contro lo strapotere del clima russo, che una volta ha fatto a pezzi la grande armata di Napoleone e oggi minaccia il bolscevismo con lo stesso destino.

Se l'Europa segue l'esempio distruttivo della rivoluzione russa, rischia, invece di stabilire un nuovo ordine post-capitalistico, di sprofondare di nuovo nella primitività della barbarie pre-capitalistica e di essere costretta a rivivere l'era capitalistica. La lucidità può proteggerla da questo tragico destino: altrimenti sarà come un paziente che muore di infarto per l'anestesia, mentre gli si sta facendo un'operazione. Perché il cuore pulsante dell'Europa è la tecnologia: senza tecnologia non può vivere, nemmeno sotto la costituzione più libera. Prima di migliorare la distribuzione dei beni, bisogna assicurarne la produzione, perché a cosa serve l'uguaglianza se tutti muoiono di fame? E che male c'è nella disuguaglianza se nessuno soffre?

La rivoluzione europea dovrebbe moltiplicare la sua produzione invece di distruggerla, far rivivere la sua tecnologia invece di distruggerla. Solo così avrebbe avuto una prospettiva di successo e di realizzazione permanente dei suoi ideali etici.

L'organizzazione e i macchinari dell'Europa costituiscono la base della sua cultura futura. Se l'Europa cerca di porre il tetto politico di questa costruzione culturale prima delle fondamenta tecnologiche, la costruzione crolla e seppellisce i frivoli architetti insieme agli sfortunati abitanti.

5. PERICOLI DELLA TECNOLOGIA

Il corso della rivoluzione russa ha mostrato dove portano le richieste etiche, se sono cieche alle esigenze tecnologiche. Il corso della guerra mondiale ha mostrato dove portano i progressi tecnologici, quando sono ciechi rispetto alle esigenze etiche.

La tecnologia senza etica deve portare a catastrofi, così come l'etica senza tecnologia. Se l'Europa non progredisce in termini etici, deve passare da una guerra mondiale all'altra: queste saranno tanto più terribili quanto più alta sarà la tecnologia. Il collasso dell'Europa è inevitabile, se il suo progresso etico non tiene il passo con quello tecnologico. Tuttavia, sarebbe altrettanto ridicolo e vile combattere e condannare la tecnologia in quanto tale a causa della possibilità di disastri tecnologici e culturali, come sarebbe evitare e biasimare la ferrovia a causa della possibilità di incidenti ferroviari.

Mentre l'Europa espande lo Stato del lavoro, non deve mai dimenticare di preparare lo Stato della cultura: insegnanti e sacerdoti, artisti e scrittori, preparano il popolo alla grande festa che è l'obiettivo della tecnologia. La loro importanza è pari a quella degli ingegneri, dei chimici e dei medici: questi ultimi formano il corpo della cultura a venire, quelli ne formano l'anima. Perché la tecnologia è il corpo, l'etica l'anima della cultura. Qui sta il loro contrasto e la loro relazione.

L'etica insegna alle persone il giusto uso del potere e della libertà che la tecnologia offre loro. L'abuso di potere e di libertà è più fatale per l'uomo dell'impotenza e della mancanza di libertà. La malattia umana potrebbe rendere la vita peggiore nell'era futura del tempo libero che in quella attuale del lavoro forzato. Dipende dall'etica se la tecnologia condurrà le persone all'inferno o al paradiso. La macchina indossa la testa di Giano: se gestita in modo responsabile, diventa la schiava dell'uomo del futuro e gli fornirà potere, libertà, tempo libero e cultura; se gestita in modo irresponsabile, la macchina schiavizzerà l'uomo e lo deruberà del potere e della cultura che gli restano. Se non è possibile trasformare la macchina in un organo dell'uomo, l'uomo si ridurrà a essere un componente della macchina.

La tecnologia senza etica è "materialismo pratico": porta alla caduta dell'umanità dell'uomo e alla sua trasformazione in macchina; induce l'uomo a diventare un alieno e a dare la sua anima alle *cose*. Ma tutto il progresso tecnologico diventa dannoso e inutile quando l'uomo, conquistando il mondo, perde la sua anima: sarebbe stato meglio se fosse rimasto animale.

Proprio come un tempo gli eserciti e le guerre erano necessari per preservare la libertà e la cultura tra le nazioni, il lavoro e la tecnologia sono necessari nelle zone povere e sovrappopolate del mondo per preservare la vita e la cultura. Ma l'esercito deve difendere obiettivi politici, la tecnologia l'etica. Una tecnologia che si emancipa dall'etica e si considera fine a se stessa è altrettanto catastrofica per la cultura quanto lo è un esercito che si emancipa dalla politica e si considera fine a se stesso: un industrialismo senza leader distruggerà la cultura quanto un militarismo senza leader distrugge lo Stato.

Come il corpo è un organo dell'anima, la tecnologia deve sottomettersi alla guida etica; deve stare attenta a non cadere nell'errore che ha commesso l'arte proclamando "l'arte per l'arte". Né l'arte, né la tecnologia, né la scienza, né la politica sono fini a se stesse: sono vie che conducono all'umanità, a un'umanità forte e completa.

6. ROMANTICISMO DEL FUTURO

In tempi di difficoltà la nostalgia cresce e con essa il romanticismo.

Anche il nostro tempo ha dato vita al romanticismo: ovunque c'è voglia di mondi stranieri, più belli, che dovrebbero aiutarci a superare il grigiore della nostra giornata lavorativa. I vivai del romanticismo moderno: cinema, teatri e romanzi sono come finestre da cui i lavoratori forzati dei penitenziari europei possono affacciarsi alla libertà.

Il romanticismo moderno ha quattro forme principali:

Il romanticismo del passato, che ci riporta alle epoche più colorate e libere della nostra storia; il romanticismo della lontananza, che ci apre il Grande Oriente e il Selvaggio Occidente; il romanticismo dell'occulto, che penetra nelle zone più intime della vita e dell'anima e riempie di meraviglie e segreti la desolazione del quotidiano; il romanticismo del futuro, che consola gli uomini prospettando un domani dorato.

Spengler, Kayserling e Steiner incontrano il romanticismo moderno: Spengler apre le culture del passato, Kayserling le culture della distanza, Steiner le ricchezze dell'Occulto. La grande influenza che questi uomini hanno sulla vita intellettuale tedesca è in parte dovuta all'anelito romantico del popolo tedesco, fortemente provato, che guarda al passato, alla lontananza e al cielo, per trovarvi conforto.

L'immaginazione porta al passato, alla distanza e all'aldilà, ma l'azione porta al futuro. Perciò né la storia, né l'orientalismo, né l'occultismo funzionano come forza motrice del nostro tempo, ma il romanticismo del futuro: esso ha dato vita all'idea dello Stato futuro e quindi al movimento mondiale del socialismo; ha concepito l'idea del superuomo e quindi ha dato inizio alla sottomissione dei valori.

Marx, l'araldo dello Stato futuro e Nietzsche, l'araldo del superuomo, sono entrambi romantici del futuro. Non collocano il paradiso né nel passato, né nella lontananza, né nell'occulto, ma nel futuro.

Marx annuncia l'imminente impero mondiale del lavoro, Nietzsche l'imminente cultura mondiale. Tutto ciò che riguarda l'espansione dello Stato del lavoro deve considerare il socialismo; tutto ciò che riguarda la preparazione dello Stato della cultura deve considerare il superuomo. Marx è il profeta del domani, Nietzsche il profeta del dopodomani.

Tutti i grandi eventi sociali e intellettuali dell'Europa moderna sono in qualche modo legati alle opere di questi due uomini: la rivoluzione sociale e politica è nel segno di Marx, la rivoluzione etica e mentale nel segno di Nietzsche. Senza questi due uomini, il volto dell'Europa sarebbe diverso.

Marx e Nietzsche, annunciatori di ideali sociali e individuali futuri, sono entrambi europei, uomini e forze dinamiche. I loro ideali dovranno essere realizzati attraverso le azioni del futuro. I loro ideali dinamici contengono delle esigenze: non vogliono solo insegnare, ma costringere gli uomini; rivolgono lo sguardo dell'uomo in avanti e quindi agiscono come creatori della società e degli uomini. La loro polarità riflette l'essenza dello spirito europeo e il futuro del destino europeo.

L'ideale più alto e definitivo del romanticismo europeo del futuro non è l'allontanamento, ma il ritorno alla natura a un livello superiore. La cultura, l'etica e la tecnologia sono al servizio di questo ideale. Dopo centinaia di migliaia di anni di guerre, gli esseri umani dovrebbero di nuovo fare pace con la natura e tornare a casa nel suo impero, ma non come sua creatura, bensì come suo padrone. Perché l'uomo sta per rovesciare la costituzione del suo pianeta: ieri era anarchica, domani sarà monarchica. Una tra i miliardi di creature si protende verso la corona della creazione: l'essere umano libero ed evoluto come re della terra.

Richard Coudenhove-Kalergi

PACIFISMO-1924

Ai morti, ai vivi, ai prossimi eroi della pace!

1. DIECI ANNI DI GUERRA

La pace, caduta in rovina dieci anni fa, non è stata ripristinata fino ad oggi. Al quinquennio di guerra seguì un quinquennio di semi-guerra per l'Europa. Le guerre russo-polacche e greco-turche, l'occupazione della Ruhr, i combattimenti nell'Alta Slesia, in Lituania, nell'Ungheria occidentale, a Fiume, a Corfù, le guerre civili in Germania, Italia, Spagna, Ungheria, Irlanda, Grecia, Bulgaria e Albania rientrano in questo periodo, così come gli omicidi politici e le sedizioni, il crollo delle valute e l'impoverimento di interi popoli.

Questo peggior decennio della storia europea dopo la migrazione è un atto d'accusa contro la guerra peggiore di quanto i pacifisti potrebbero mai emettere: tuttavia, questo imputato non è stato punito, ma può essere celebrato ovunque come trionfatore, detta la politica europea, si prepara ad attaccare nuovamente i popoli europei e a distruggerli definitivamente.

Senza dubbio, grazie al progresso della tecnologia bellica, in particolare della fabbricazione di veleni e dell'aviazione, la prossima guerra europea non indebolirà questa parte della terra, ma la distruggerà.

Questo pericolo, che lo riguarda personalmente, deve essere preso in considerazione da ogni europeo. Se gli appare inevitabile, l'emigrazione in una parte straniera della terra rimane la logica conseguenza. Se gli appare evitabile, la lotta contro il pericolo della guerra e dei suoi portatori rimane il suo dovere: il dovere del pacifismo.

Oggi rimanere europei non è solo un destino, ma anche un compito responsabile, dalla cui soluzione dipende il futuro di ciascuno di noi.

Il pacifismo è l'unica "realpolitik" oggi in Europa. Sperare nella salvezza attraverso la guerra significa cedere a romantiche illusioni.

La maggioranza dei politici europei sembra riconoscerlo e desidera la pace, e con loro la stragrande maggioranza degli europei.

Questo fatto non può rassicurare il pacifista, che ricorda che questo era il caso anche nel 1914; allora, la maggior parte degli statisti e la maggioranza degli europei volevano la pace. Eppure, contro la loro volontà, la guerra scoppiò. Lo scoppio della guerra fu il risultato di un colpo di stato internazionale da parte delle minoranze favorevoli alla guerra contro le maggioranze contrarie alla guerra.

Questo Stato ha colto un'occasione favorevole e con menzogne e slogan ha sorpreso popoli ignari, il cui destino è stato lasciato per anni a quelle minoranze.

La guerra mondiale è stata il risultato della determinazione dei militaristi e della debolezza dei pacifisti. Finché questo rapporto permane, una nuova guerra europea potrebbe scoppiare da un giorno all'altro. Oggi come allora, una piccola ma energica minoranza favorevole alla guerra si confronta con una grande ma impotente maggioranza pacifista; gioca con la guerra invece di schiacciarla, placa i guerrafondai invece di abbatterli, creando così la stessa situazione del 1914.

Il pacifismo dimentica che un lupo è più forte di mille pecore e che in politica come in strategia i numeri decidono solo se sono ben gestiti e organizzati.

È ciò che manca al pacifismo, oggi come dieci anni fa. Se il pacifismo fosse stato gestito e organizzato meglio allora, la guerra non sarebbe scoppiata; se lo fosse oggi, l'Europa sarebbe al sicuro da una nuova guerra.

L'impotenza del pacifismo risiede, come allora, nel fatto che molti desiderano la pace, ma pochi la vogliono; molti temono la guerra, ma solo pochi la combattono.

2. CITICISMO DEL PACIFISMO

Il senso di colpa passivo per la guerra influisce sul pacifismo europeo. La cattiva leadership, la debolezza e la mancanza di carattere hanno incoraggiato i guerrafondai a iniziare la guerra.

I seguaci dell'idea di pace, che nel 1914 non hanno difeso il loro ideale in tempo e non con sufficiente forza, sono in parte responsabili dello scoppio della guerra.

Ma se oggi, dopo questa esperienza e conoscenza, un oppositore della guerra persiste nella sua passività, invita ad addossarsi una colpa ancora più pesante, promuovendo indirettamente una guerra futura.

Un ricco pacifista che non finanzia la pace oggi è un mezzo guerrafondaio.

Un giornalista pacifista, che oggi non propaganda la pace, è anche un mezzo guerrafondaio.

Un elettore che, per motivi di politica interna, sceglie un candidato al cui impegno per la pace non crede, firma una mezza condanna a morte per sé e per i suoi figli.

Il dovere di ogni pacifista è: fare ogni sforzo possibile per prevenire il trattamento di una guerra futura; se non segue questa direzione, o non è un pacifista o ignora i suoi doveri.

Il pacifismo non ha imparato nulla dalla guerra: è essenzialmente lo stesso oggi come nel 1914. Se non riconosce i propri errori e non cambia, il militarismo continuerà a calpestarlo anche in futuro. I principali errori del pacifismo europeo sono:

Il pacifismo non è politico: tra i suoi leader ci sono troppi ammiratori e pochi politici. Pertanto, il pacifismo si basa spesso su illusioni, non tiene conto dei fatti, della debolezza umana, dell'irragionevolezza e della cattiveria; trae conclusioni sbagliate da presupposti errati. Il pacifismo è sconfinato, non sa come limitare i suoi obiettivi. Non ottiene nulla perché vuole tutto allo stesso tempo.

Il pacifismo è lungimirante; è ragionevole sull'obiettivo, ma irragionevole sui mezzi. Indirizza la sua volontà verso il futuro e lascia il presente agli intrighi dei militaristi.

Il pacifismo è aleatorio: vuole prevenire la guerra senza sostituirla; il suo obiettivo negativo manca del programma positivo di una politica mondiale attiva. Il pacifismo è frammentato: ha sette, ma non una chiesa; i suoi gruppi lavorano in modo isolato, senza una leadership e un'organizzazione uniformi.

Il pacifismo tende a essere un'appendice piuttosto che un elemento centrale dei programmi politici; la loro attenzione è rivolta alla politica interna, mentre il loro pacifismo è più una tattica che un principio.

Il pacifismo è insignificante; di solito accetta di rassegnarsi senza critiche a un ideale più alto (cioè a un'abile frase ad effetto) - come ha fatto nel 1914 e sarebbe disposto a farlo in futuro.

Il male maggiore del pacifismo sono i pacifisti. Ciò non toglie che tra loro ci siano gli uomini migliori e più importanti del nostro tempo. Questi sono esclusi dalla seguente critica.

La maggior parte dei pacifisti sono fanatici, che disprezzano la politica e i suoi mezzi, invece di perseguirli. Per questo motivo, a discapito del loro scopo, non vengono presi sul serio, dal punto di vista politico.

Molti pacifisti credono di poter cambiare il mondo con la predicazione piuttosto che con l'azione: compromettono il pacifismo politico affermandolo con speculazioni religiose e metafisiche.

Di solito la paura della guerra è la madre del pacifismo. Se questa paura si estende al resto della vita dei pacifisti, impedisce loro di esporsi all'idea della pace.

Il coraggio e il sacrificio sono meno comuni nei pacifisti che nei militaristi. Molti riconoscono il pericolo della guerra, ma pochi fanno sacrifici personali o materiali per evitarla. Invece di combattere, sono pacifisti litigiosi, che lasciano gli altri alla battaglia, di cui partecipano ai frutti.

Molti pacifisti hanno un'indole gentile e non solo rifuggono dalla guerra, ma anche dalla lotta contro la guerra; il loro cuore è puro, ma la loro volontà è debole e quindi il loro valore di lotta è illusorio.

La maggior parte dei pacifisti ha una mentalità debole, come la maggior parte delle persone; incapaci di resistere alla suggestione di massa nel momento decisivo, sono pacifisti durante la pace, militaristi durante la guerra. Solo una solida organizzazione, guidata da una forte volontà, può costringerli a mettersi al servizio della pace.

3. PACIFISMO RELIGIOSO E POLITICO

Il pacifismo religioso combatte la guerra perché non è morale, il pacifismo politico perché non è redditizio.

Il pacifismo religioso vede il crimine in una guerra, il pacifismo politico vede la stupidità.

Il pacifismo religioso cerca di abolire la guerra cambiando le persone, il pacifismo politico cambiando le situazioni.

Entrambe le forme di pacifismo sono buone e giustificate: separatamente, servono alla pace e al progresso umano; unite, si danneggiano a vicenda più di quanto si avvantaggino. Tuttavia, dovrebbero sostenersi a vicenda in modo consapevole: va da sé che il pacifista politico dovrebbe usare anche argomenti etici per rafforzare il potere pubblicitario della propaganda; e un pacifista religioso dovrebbe sostenere la politica pacifista invece di quella militarista, se può scegliere.

Nei suoi metodi, tuttavia, il *pacifismo pratico* deve emanciparsi dal pacifismo etico: altrimenti, non sarà in grado di condurre con successo la lotta contro il militarismo. In politica, i metodi machiavellici del militarismo si sono dimostrati più efficaci di quelli tolstoiani del pacifismo, che di conseguenza si è dovuto arrendere nel 1914 e nel 1919. Se il pacifismo vuole vincere in futuro, deve imparare dai suoi avversari e perseguire i suoi obiettivi con mezzi machiavellici: deve imparare dai briganti come trattare i briganti. Perché chi getta via le armi in nome della nonviolenza, mentre viene derubato, aiuta solo i rapinatori, solo la violenza, solo il torto. Perciò il pacifista politico deve riconoscere che nella politica quotidiana la nonviolenza non è uguale alla violenza; che può rinunciare alla violenza solo chi, come un tempo il cristianesimo, può aspettare i secoli. Ma l'Europa non può: se la pace non prevarrà qui, tra 300 anni solo gli archeologi cinesi disturberanno il suo riposo nel cimitero. Quindi, non basta che la pace europea vinca: se non vince presto, la sua vittoria è illusoria.

Chiunque voglia giocare un gioco con successo, deve sottomettersi alle regole del gioco. *Le regole della politica sono: astuzia e violenza.*

Se il pacifismo vuole intervenire in politica, deve usare questi mezzi per combattere il militarismo. Solo dopo la sua vittoria potrà cambiare le regole del gioco e mettere il diritto al posto del potere.

Ma finché in politica il potere è al di sopra del diritto, il pacifismo deve appoggiarsi al potere. Se lascia il potere agli amici della guerra, mentre si appoggia solo sui propri diritti come questione di principio, non fa che avanzare le guerre future.

Un politico che non vuole usare la violenza è come un chirurgo che non vuole tagliare: qua e là è importante trovare la giusta misura tra il troppo e il troppo poco: altrimenti il paziente muore invece di guarire.

La politica è la scienza della conquista e del giusto uso del potere. La pace interna di tutti i Paesi è sostenuta dal diritto e dalla violenza: il diritto senza la violenza porterebbe immediatamente al caos e all'anarchia, cioè alla peggiore forma di violenza.

Lo stesso destino minaccia la pace internazionale, se i suoi diritti non sono sostenuti da un'organizzazione internazionale di potere.

Il pacifismo come programma politico non deve quindi mai rifiutare la violenza: deve usarla contro la guerra, non per essa.

La sfiducia delle masse amanti della pace nella leadership politica dei pacifisti, che sembra paradossale, si spiega con il fatto che la maggior parte dei pacifisti non conosce l'ABC della politica. Perché, come preferiamo affidare la nostra rappresentanza a un avvocato esperto piuttosto che a uno maldestro, anche se è gentile, così anche le nazioni preferiscono affidare il loro destino a mani intelligenti piuttosto che a mani benevole.

I pacifisti conquisteranno la fiducia politica delle masse solo se, come dice la Bibbia, non saranno solo miti come colombe ma anche astuti come serpenti; se saranno non solo più nobili, ma anche più abili nei mezzi, dei loro rivali militaristi.

4. RIFORMA DEL PACIFISMO

La nuova era richiede un nuovo pacifismo. Gli statisti dovrebbero essere i suoi leader invece dei sognatori; i combattenti dovrebbero riempire i suoi ranghi, invece dei lamentosi!

Solo un pacifismo intelligente può convincere le masse, solo un pacifismo eroico può influenzarle!

I nuovi pacifisti devono essere ottimisti nella volontà, ma pessimisti nella conoscenza. Non devono né trascurare né esagerare i pericoli che minacciano la pace, ma combatterli. L'affermazione "una nuova guerra è impossibile" è sbagliata quanto "una nuova guerra è inevitabile". Se la possibilità di una guerra si trasformerà o meno in una realtà di guerra dipende innanzitutto dall'energia e dalla prudenza dei pacifisti. Perché la guerra e la pace non sono eventi naturali, ma creati dall'uomo.

Pertanto, il pacifista deve assumere il seguente punto di vista: "La pace è minacciata; la pace è possibile; la pace è auspicabile; creiamo la pace!".

Il nuovo pacifismo deve limitare i suoi obiettivi per raggiungerli, e pretendere solo ciò che è determinato a far rispettare. Perché il regno della pace può essere conquistato solo passo dopo passo e un passo avanti nella realtà vale più di mille passi nell'immaginazione.

I programmi senza limiti attirano solo i fantasisti e respingono i politici; ma un politico può fare di più per la pace di mille fantasisti!

I pacifisti di tutte le nazioni, partiti e ideologie devono formare una falange nella politica internazionale con una leadership unificata e simboli comuni.

Unire gruppi così diversi è impossibile e inappropriato, ma la loro collaborazione è possibile e necessaria.

Il pacifismo deve esigere da ogni politico chiarezza sulla sua posizione in merito alla guerra e alla pace. In questa questione di vita, ogni elettore ha il diritto di conoscere la posizione del suo candidato, di sapere in quali precise circostanze voterebbe a favore della guerra e quali mezzi intende utilizzare per evitare la guerra.

Solo se gli elettori interverranno in questo modo sulla politica estera, invece di accontentarsi di frasi e slogan, i parlamenti potranno diventare lo specchio della volontà che anima le masse di lavoratori, contadini e cittadini di tutte le nazioni.

Soprattutto, il nuovo pacifismo deve riformare i pacifisti.

Il pacifismo può vincere solo se i pacifisti sono disposti a sacrificare onore, denaro e vita; se i pacifisti ricchi pagano, i pacifisti forti agiscono.

Finché le masse vedranno nei militaristi degli eroi pronti a dare quotidianamente la vita per i loro ideali, ma nei pacifisti solo dei deboli e dei codardi, l'entusiasmo per la guerra sarà più forte di quello per la pace.

Perché il potere di convincere sta nelle cose, il potere dell'entusiasmo nelle persone. Quanto più i pacifisti diventeranno combattenti, apostoli, eroi e martiri della loro idea, piuttosto che loro sostenitori e beneficiari, tanto più forte sarà il loro potere di ispirazione.

5. PACE NEL MONDO E PACE IN EUROPA

Gli obiettivi del pacifismo religioso sono assoluti e semplici, quelli del pacifismo politico sono relativi e diversi. Ogni problema politico richiede un tipo specifico di pacifismo.

Esistono tre tipi principali di guerra: guerra offensiva, guerra difensiva e guerra di liberazione.

Tutti i pacifisti si oppongono alla guerra di conquista; il modo per combatterla è chiaro: l'impegno reciproco degli Stati per una difesa comune contro i costruttori di pace. In futuro, una tale organizzazione, che la Società delle Nazioni sta progettando attraverso il Patto di Garanzia, proteggerà le nazioni dalle guerre di conquista e allo stesso tempo risparmierà loro azioni difensive individuali.

Il problema della guerra di liberazione è molto più difficile. Perché la sua forma è quella di una guerra offensiva, ma la sua anima è quella di una guerra difensiva contro una conquista. Il pacifismo, che rende impossibili le guerre di liberazione, si schiera con il partito degli oppressori. D'altra parte, una legittimazione internazionale della guerra di liberazione sarebbe una promessa di guerre di conquista.

Poiché la liberazione dei popoli e delle classi oppresse è il pretesto più popolare per tutte le guerre di conquista; e poiché ovunque esistono nazioni, razze e classi che si sentono oppresse, o sono realmente oppresse, oggi un pacifismo che permetta una guerra di liberazione sarebbe praticamente illusorio.

Qui si fronteggiano due teorie: il pacifismo conservatore, il cui obiettivo è combattere ogni rottura della pace, per preservare lo status quo e le attuali condizioni di governo, e il pacifismo rivoluzionario, il cui obiettivo è un'ultima guerra mondiale per la liberazione di tutte le classi, i popoli e le razze oppresse e quindi la distruzione di ogni futura causa di guerra e la creazione della repubblica mondiale.

Il pacifismo conservatore si concentra nella Lega delle Nazioni di Ginevra, quello rivoluzionario nel Trattato di Mosca.

Il pacifismo di Ginevra vuole mantenere la pace senza eliminare le armi che minacciano di portare a una guerra futura; il pacifismo di Mosca vuole accelerare l'esplosione internazionale per garantire la pace per il futuro.

Si teme che Ginevra sia troppo debole per mantenere la pace e Mosca troppo debole per costruirla. Ecco perché entrambi i marchi minacciano la pace mondiale con il loro radicalismo.

Una parziale via d'uscita da questo dilemma è un pacifismo evolutivo il cui obiettivo è una graduale erosione dell'oppressione nazionale e sociale mantenendo la pace. Questo pacifismo, che conduce come una corda stretta su un doppio abisso, richiede la massima abilità politica dei leader e una grande comprensione politica da parte delle nazioni. Tuttavia, deve essere sperimentato da tutti coloro che vogliono onestamente la pace.

I due problemi di pace più difficili del futuro: Il problema indiano e quello australiano. Nella questione indiana (che è un caso particolare della questione coloniale generale) la volontà della nazione indiana di ottenere l'indipendenza politica e la volontà del Regno Unito di mantenerla nella sua unione sono apparentemente inconciliabili. Questa situazione spinge i popoli asiatici (e semi-asiatici) a unirsi un giorno all'India in una grande guerra di liberazione.

La questione australiana (che è un caso particolare della questione dell'immigrazione nel Pacifico) ruota attorno al blocco dei mongoli dagli insediamenti anglosassoni. La forte crescita demografica dei mongoli non è proporzionata alla mancanza di aree di insediamento e minaccia di provocare un giorno un'esplosione nell'Oceano Pacifico, se non si apre una valvola. D'altra parte, gli australiani bianchi sanno che l'ammissione dei mongoli li farebbe diventare presto una minoranza. Quale soluzione troverà questo problema, una volta che la Cina sarà armata come il Giappone, non è chiaro.

La soluzione pacifica di questi problemi mondiali è un compito molto difficile per i pacifisti britannici, asiatici e australiani.

Tuttavia, i pacifisti europei devono riconoscere chiaramente che una soluzione violenta a queste questioni è più probabile di una soluzione pacifica, ma che non hanno il potere e l'influenza per impedire queste guerre minacciose.

Questa intuizione chiarisce la missione del pacifismo europeo: non ha il potere di pacificare il mondo, ma ha il potere di dare una pace permanente all'Europa, risolvendo la questione europea e impedendo che la sua parte di terra venga coinvolta nei conflitti dell'Asia e del Pacifico. Di conseguenza, il pacifismo politico dell'Europa deve limitare i suoi obiettivi e imparare a distinguere tra ciò che vuole e ciò che può ottenere. Senza esagerare con i suoi poteri, deve innanzitutto lottare per la pace nella sua parte di mondo e lasciare agli americani, agli inglesi, ai russi e agli asiatici il compito di mantenere la pace nelle parti del mondo che sono state loro assegnate. Ma tutti i pacifisti del mondo devono rimanere in costante contatto tra loro, poiché molti problemi (soprattutto il disarmo) devono essere risolti a livello internazionale e poiché il pacifismo internazionale deve cercare di evitare e risolvere i conflitti tra questi complessi mondiali.

Rispetto alle minacce di guerra dell'Asia orientale, i problemi di pace europei sono relativamente facili da risolvere. Nessun ostacolo insormontabile si frappone alla pace europea. Nessuno potrebbe vincere nulla in una guerra europea, ma tutti potrebbero perdere tutto. Il vincitore sarebbe ferito a morte, gli sconfitti uscirebbero distrutti da questo omicidio di massa.

Pertanto, una nuova guerra europea potrebbe nascere solo da un crimine dei militaristi, dalla negligenza dei pacifisti e dalla stupidità dei politici.

Si può evitare se i guerrafondai vengono tenuti sotto controllo in ogni Paese, se i pacifisti compiono il loro dovere e gli statisti salvaguardano gli interessi dei loro popoli.

Il raggiungimento della pace in Europa, che è diventata i Balcani del mondo, rappresenta un significativo passo avanti verso la pace mondiale. Così come la guerra mondiale è partita dall'Europa, la pace mondiale potrebbe partire dall'Europa.

Non si può pensare alla pace nel mondo se la pace europea non è ancorata a un sistema stabile.

6. PROGRAMMA DI PACE REALPOLITIK

La minaccia di guerra europea si divide in due gruppi: il primo si fonda sull'oppressione nazionale, il secondo sull'oppressione sociale. Oggi, la questione dei confini e la questione russa minacciano la pace europea.

L'essenza della questione dei confini è che la maggior parte degli Stati e dei popoli europei sono insoddisfatti dei loro confini attuali, perché non soddisfano le richieste nazionali, economiche o strategiche dei nazionalisti. Un cambiamento pacifico degli attuali confini è impossibile: pertanto, i nazionalisti di questi Stati insoddisfatti si stanno preparando a un cambiamento violento dei confini con una nuova guerra, costringendo i loro vicini ad armarsi.

La questione russa è radicata nel fatto che esiste una potenza mondiale al confine aperto con l'Europa, il cui obiettivo dei leader è quello di rovesciare violentemente l'attuale sistema europeo. Per raggiungere questo obiettivo, sostengono l'irredentismo sociale europeo con il denaro e sperano di seguirlo con le truppe sovietiche dopo lo scoppio di una rivoluzione europea.

Per ragioni di principio, la Russia si sta opponendo al pacifismo moderno, si sta impegnando in metodi militaristi e sta organizzando un forte esercito da utilizzare per cambiare la mappa del mondo, almeno in Europa e in Asia. Quando questo esercito sarà sufficientemente forte, marcerà senza dubbio contro l'Occidente.

Questi due problemi, che si presentano in singoli punti (Bessarabia, Galizia orientale), minacciano quotidianamente la pace in Europa. Ogni pacifista europeo deve affrontarli e cercare di evitarli.

Il "Programma Pan-Europa" è l'unico modo per prevenire queste due minacce con mezzi politici reali e per garantire la pace in Europa.

Il suo obiettivo è:

1. Garantire la pace interna all'Europa attraverso un accordo di arbitrato paneuropeo, un patto di garanzia, un'unione doganale e la protezione delle minoranze.
2. Assicurare la pace con la Russia mediante un'alleanza paneuropea, attraverso il riconoscimento reciproco, la non interferenza e la garanzia dei confini, il disarmo congiunto e la cooperazione economica, nonché la riduzione dell'oppressione sociale.
3. Assicurare la pace con la Gran Bretagna, l'America e l'Asia orientale attraverso accordi di arbitrato e la riforma regionale della Società delle Nazioni.

Il Programma Pan-Europa è l'unica soluzione possibile al problema dei confini europei. L'incompatibilità di tutte le aspirazioni nazionali e la tensione tra confini geografici-strategici, storico-economici e nazionali in Europa rendono impossibile una gestione equa dei confini. Un cambiamento dei confini eliminerebbe le vecchie ingiustizie, ma ne metterebbe di nuove al loro posto.

Pertanto, la soluzione del problema dei confini europei è possibile solo spegnendolo.

I due elementi della soluzione sono:

A. L'elemento conservativo dello status quo territoriale, che stabilizza i confini esistenti e quindi previene una guerra imminente.

B. L'elemento rivoluzionario dell'eliminazione graduale delle frontiere in senso strategico, economico e nazionale che distrugge la possibilità di guerre future.

Questa messa in sicurezza dei confini, combinata con il loro smantellamento, preserva l'organizzazione formale dell'Europa, pur cambiando l'occidente.

In questo modo assicura la pace presente e futura, nonché lo sviluppo economico e nazionale dell'Europa.

L'altro pericolo europeo di guerra è quello russo. Da un lato, la militarizzazione russa nasce dalla paura di un'invasione antibolscevica sostenuta dall'Europa, dall'altro dalla volontà di lanciare una guerra aggressiva contro l'Europa in nome della liberazione sociale.

Pertanto, l'obiettivo del pacifismo europeo deve essere quello di proteggere la Russia da un attacco europeo e l'Europa da un attacco russo. Il primo è possibile solo attraverso una volontà di pace, il secondo attraverso una superiorità militare. Questa superiorità militare può essere raggiunta immediatamente dall'Europa senza aumentare gli armamenti attraverso un'alleanza di difesa paneuropea.

Il pacifismo europeo non deve permettere che questa superiorità degeneri in una corsa agli armamenti, ma deve farne la base del disarmo e dell'intesa russo-europea.

L'Europa non ha la possibilità di cambiare la posizione politica dei governanti russi, il cui sistema è espansivo. Non potendo persuaderli alla pace, deve costringerli alla pace.

Se un vicino è pacifico e l'altro bellicoso, il pacifismo richiede che la superiorità militare sia dalla parte della pace. Un'inversione di questo rapporto significa guerra.

Molti pacifisti si illudono di vedere nel proprio disarmo la via sicura per la pace. In certe circostanze, la pace richiede il disarmo, ma in altre circostanze l'armamento. Ad esempio, se nel 1914 l'Inghilterra e il Belgio avessero avuto eserciti forti, la proposta di mediazione britannica avrebbe avuto maggiori probabilità di essere accettata poco prima della catastrofe.

Se, ad esempio, una nazione pacifista si rifiuta di entrare in guerra mentre i suoi vicini sono in agguato per invaderla, non promuove la pace, ma la guerra.

Se un'altra nazione aumenta i propri armamenti per garantire la propria pace e quindi provoca un vicino pacifico in una corsa agli armamenti, non promuove la pace ma la guerra.

Ogni problema di pace richiede un'azione individuale. Pertanto, l'Europa non può applicare gli stessi metodi per la pace con l'Inghilterra e la Russia.

La pace con l'Inghilterra, la cui politica è stabile e pacifista, può basarsi su trattati - la pace con la Russia, che è in rivoluzione e non nega i suoi piani di guerra contro il sistema europeo, ha bisogno di sicurezza militare.

Sarebbe altrettanto impolitico e antipacifista affidarsi ad accordi con i sovietici, come nei confronti dell'Inghilterra sulla flotta. D'altra parte, il pacifismo europeo deve essere sempre pronto ad affrontare una Russia pacifista, che abbia disarmato e rinunciato onestamente ai suoi piani di invasione, allo stesso modo di un'Inghilterra pacifista.

Ma i pacifisti europei non devono mai dimenticare che la Russia si sta armando in nome della liberazione sociale e che milioni di europei considererebbero un'invasione russa come una guerra di liberazione. Questa guerra diventa tanto più minacciosa quanto più questa convinzione si diffonde nelle masse europee.

Così come le minacce nazionali di guerra possono essere scongiurate solo abbattendo l'oppressione nazionale, questo pericolo sociale di guerra può essere scongiurato solo abbattendo l'oppressione sociale.

L'irredentismo sociale europeo abbandonerà il Trattato di Mosca solo se gli verrà fornita la prova pratica che la situazione e il futuro dei lavoratori nei Paesi democratici sono migliori di quelli sovietici. Se il comunismo riuscirà a dimostrare il contrario, nessuna politica estera potrà salvare l'Europa dalla rivoluzione e dall'unione con la Russia sovietica.

Questo dimostra la stretta connessione tra politica interna ed estera, libertà e pace. Poiché ogni oppressione, sia essa nazionale o sociale, porta con sé i semi della guerra, la lotta contro l'oppressione è parte integrante della lotta per la pace.

Ogni oppressione costringe gli oppressori a mantenere il potere militare e gli oppressi e i loro alleati alla guerra. Al contrario, una politica di guerra e di armamenti fornisce ai governanti degli Stati lo strumento più forte per l'oppressione interna: l'esercito. Pertanto, la pace dell'Europa e del mondo sarà definitivamente garantita solo quando religioni, nazioni e classi cesseranno di sentirsi oppresse.

Ecco perché la politica estera pacifica va di pari passo con la politica interna liberale, ma la politica estera di guerra con l'oppressione interna.

7. PROMUOVERE L'IDEA DI PACE

Oltre a lottare per il proprio programma di pace in politica estera, il pacifista non dovrebbe perdere l'opportunità di promuovere la cooperazione e la comprensione internazionale.

Questo determina l'atteggiamento del pacifismo nei confronti della Società delle Nazioni.

L'attuale Società delle Nazioni è molto imperfetta come istituzione di pace; soprattutto, è pesantemente gravata dall'eredità della guerra che l'ha fatta nascere. È debole, non articolata, inaffidabile; è incompiuta finché gli Stati Uniti, la Germania e la Russia ne sono assenti. Tuttavia, la Società delle Nazioni di Ginevra è la prima bozza di un'organizzazione internazionale mondiale che dovrà sostituire l'attuale anarchia delle nazioni.

Ha questo immenso vantaggio rispetto a tutte le istituzioni migliori, che sono solo progetti.

Pertanto, ogni pacifista deve sostenere la debole, fragile, embrionale Società delle Nazioni; deve criticarla, ma non combatterla; lavorare alla sua trasformazione, ma non alla sua distruzione.

Ogni pacifista dovrebbe contribuire a eliminare lo stupido odio tra le nazioni, che danneggia tutti e non porta nulla di buono. Può farlo al meglio diffondendo la verità e combattendo i discorsi d'odio malevoli e diseducativi.

Una delle cause principali dell'odio nazionale è che le nazioni non si conoscono e, vedendo solo le dichiarazioni di una stampa e di una letteratura sciovinista, le percepiscono solo con immagini distorte. Per combattere questi atteggiamenti, il pacifismo dovrebbe creare una letteratura illuminata, promuovere le traduzioni e lo scambio di professori, insegnanti, studenti e bambini. Un accordo internazionale dovrebbe mirare a combattere i discorsi di odio sciovinista contro le nazioni straniere nelle scuole e nella stampa.

Per promuovere l'idea di pace e combattere la guerra, in tutte le nazioni dovrebbero essere istituiti ministeri della pace che, in costante contatto tra loro e con tutte le organizzazioni pacifiste in patria e all'estero, servano alla riconciliazione internazionale.

Uno dei compiti più importanti del pacifismo è l'introduzione di una lingua comune. Perché prima che le nazioni possano parlarsi, è difficile aspettarsi che si capiscano.

Una lingua comune internazionale avrebbe lo scopo di far sì che ogni persona parli la propria lingua madre a casa, mentre utilizza la lingua comune nei rapporti con i cittadini stranieri. Ogni persona che lascia la propria patria ha bisogno di una sola lingua comune, mentre oggi ha bisogno di diverse lingue all'estero. Come lingua comune, sono in discussione solo l'esperanto e l'inglese. Quale di queste venga scelta è irrilevante, purché il mondo sia d'accordo su una di queste due.

La lingua inglese ha il grande vantaggio, rispetto all'esperanto, di aver già assunto il ruolo di lingua comune internazionale in metà dell'Asia, dell'Africa e dell'America, oltre che in gran parte dell'Europa, cosicché in queste aree la sua introduzione ufficiale sarebbe solo la sanzione della prassi esistente. Nella sua posizione intermedia tra le lingue germaniche e romane, è facilmente apprendibile sia dai tedeschi che dai romani, così come dagli slavi che già parlano una lingua germanica o romana. Inoltre, l'inglese è la lingua delle due parti più potenti della terra e la lingua madre più diffusa dell'umanità bianca.

L'introduzione della lingua comune internazionale potrebbe avvenire attraverso la proposta della Società delle Nazioni di imporla in tutte le scuole medie e nei centri di formazione degli insegnanti del mondo, e dopo un decennio anche nelle scuole elementari.

La diffusione dell'illuminazione e la lotta contro l'ignoranza umana hanno maggiori possibilità di successo per la propaganda della pace rispetto alla diffusione della carità e alla lotta contro il male.

Poiché le convinzioni umane cambiano più velocemente degli istinti umani, e almeno in Europa, il movimento per la pace non avrebbe bisogno di fare appello al cuore umano, se potesse contare sulla mente umana.

Come l'illuminismo ha posto fine ai roghi di streghe, alla tortura e alla schiavitù, così un giorno porrà fine alla guerra, residuo di un'epoca barbarica dell'umanità.

Non si sa quando ciò avverrà, ma è certo che avverrà. Dipende dai pacifisti. Che gli esseri umani abbiano finalmente imparato a volare dopo centinaia di migliaia di anni è stato molto più meraviglioso e improbabile che imparare un giorno a vivere in pace gli uni con gli altri.

8. PROPAGANDA DI PACE

La propaganda per la pace è il necessario complemento della politica di pace: perché la politica pacifista è a breve termine, la propaganda pacifista a lungo termine.

La propaganda per la pace da sola non è in grado di prevenire l'imminente minaccia di guerra, poiché richiede almeno due generazioni per avere un impatto; la politica per la pace da sola non è in grado di assicurare una pace permanente, poiché il rapido sviluppo della nostra epoca estende a malapena la sfera d'influenza della politica su due generazioni.

Nel migliore dei casi, la politica di pace può, con grande abilità, creare un accordo temporaneo per dare alla propaganda per la pace l'opportunità di disarmare moralmente le nazioni e convincerle che la guerra è un mezzo barbaro, impraticabile e superato per affrontare le differenze internazionali.

Infatti, finché questa consapevolezza non prevarrà a livello internazionale e finché ci saranno nazioni che considerano la guerra come il mezzo più appropriato per raggiungere i loro obiettivi politici, la pace non potrà basarsi sul disarmo, ma solo sulla superiorità militare dei pacifisti.

Il disarmo completo è possibile solo dopo la vittoria dell'idea di pace - l'abolizione della polizia sarebbe possibile dopo l'estinzione della criminalità: altrimenti l'abolizione della polizia porta a una dittatura del crimine - l'abolizione dell'esercito a una dittatura della guerra.

La propaganda pacifista è diretta contro gli istinti bellici, gli interessi bellici e gli ideali di guerra. La lotta contro gli istinti bellici deve essere condotta attraverso il loro indebolimento, la distrazione e il rafforzamento degli istinti contrari.

Soprattutto, è importante svezzare le nazioni in guerra e far sì che il loro istinto bellico si estingua, come i fumatori, gli alcolisti e i morfinomani perdono la loro dipendenza smettendo di consumare. Il mezzo per far cessare la guerra è la politica di pace.

Lo sport è molto adatto a distrarre l'istinto combattivo dell'uomo, soprattutto del maschio, dall'attrazione della guerra. Non è un caso che le nazioni europee più amanti dello sport (Inghilterra, Scandinavia) siano anche le più pacifiche.

Solo la caccia rappresenta un'eccezione: conserva la forma più primitiva di combattimento e rafforza l'istinto di uccidere, anziché distoglierlo. Ha contribuito molto a preservare il militarismo europeo, dal momento che la caccia era lo sport principale delle classi dominanti e dei governanti; perché la caccia incita a non rispettare la vita e desensibilizza allo spargimento di sangue.

La condanna della guerra non deve mai degenerare in una condanna del combattimento. Un simile deragliamento del pacifismo farebbe solo il gioco dei militaristi, compromettendo eticamente e biologicamente il pacifismo.

Perché il combattimento e la volontà di combattere sono creatori e preservatori della cultura umana.

La fine del combattimento e la morte dell'istinto di lotta dell'uomo sarebbe sinonimo di fine e morte della cultura e dell'uomo.

Combattere è bene; solo la guerra è male, perché è una forma primitiva, rozza e obsoleta di battaglia internazionale, come i duelli sono una forma primitiva, rozza e obsoleta di battaglia sociale.

L'obiettivo del pacifismo non è l'abolizione del combattimento, ma il perfezionamento, la sublimazione e la modernizzazione dei suoi metodi.

Oggi la lotta economica sta per sostituire quella armata: il boicottaggio e il blocco sostituiscono la guerra e la protesta politica la rivoluzione. La Cina ha vinto diverse battaglie politiche contro il Giappone con il boicottaggio e Gandhi sta cercando di vincere la guerra di liberazione indiana in questo modo incruento.

Verrà un tempo in cui la rivalità nazionale sarà combattuta con le armi della mente, invece che con coltelli e proiettili. Al posto della corsa agli armamenti, le nazioni competeranno tra loro per le conquiste scientifiche, artistiche e tecnologiche, per la giustizia e il benessere sociale, per la salute pubblica e l'istruzione pubblica e per la nascita di grandi personalità.

Il secondo compito della propaganda per la pace è la lotta contro gli interessi bellici. Questa propaganda consiste nel mostrare alle nazioni e agli individui le scarse possibilità di guadagno e l'enorme rischio di perdite, con il risultato che la guerra diventa un affare cattivo, rischioso e non redditizio.

Per quanto riguarda le nazioni, Norman Angell lo aveva già dimostrato prima della guerra e la guerra mondiale ha confermato brillantemente la sua tesi.

Se, da un punto di vista nazionale, una guerra di liberazione vittoriosa in India o la conquista dell'Australia da parte dei mongoli supererebbero le vittime, non è possibile spiegarlo in questa sede; ma è certo che in una nuova guerra europea il vincitore ne uscirebbe gravemente danneggiato dal punto di vista politico, economico e nazionale, mentre la nazione sconfitta sarebbe distrutta per sempre. Il potenziale profitto non è in alcun modo relativo alle perdite.

Interessati alla guerra sono solo politici e militari ambiziosi che sperano nella gloria, da un lato, e avidi fornitori di guerra che sperano negli affari, dall'altro. Questi gruppi sono molto piccoli, ma molto potenti.

Il primo gruppo può essere raffreddato da un deciso pacifismo negli Stati democratici: i politici che antepongono le loro ambizioni al benessere della nazione devono essere trattati come criminali.

Si dice spesso degli ufficiali che le loro ambizioni belliche sono il loro dovere professionale. Nelle nazioni pacifiste, questo sarebbe un difetto, perché lì l'esercito non è un mezzo di conquista, ma un'arma necessaria contro le volontà belliche straniere. Sarebbe quindi necessario che gli ufficiali fossero educati come pacifisti, ma pacifisti eroici che sono sempre pronti a sacrificare la loro vita per il mantenimento della pace e che si vedono come crociati nella lotta contro la guerra.

Agli industriali, che desiderano la guerra per i profitti, va ricordato che alla fine della prossima guerra europea c'è il bolscevismo. Possono aspettarsi l'esproprio, se non la forca. Il business della guerra perde il suo fascino grazie a questa prospettiva. Sembra infatti più vantaggioso per l'industria accontentarsi di guadagni di pace relativamente limitati ma sicuri, invece di puntare ai grassi ma pericolosi profitti di guerra.

Questi argomenti sono importanti perché tolgono il motore d'oro alla propaganda di guerra e lo danno alla propaganda di pace.

La propaganda per la pace deve anche mobilitare l'immaginazione umana contro una guerra futura. Deve educare le masse ai pericoli e agli orrori che li minacciano in caso di guerra: ai nuovi raggi e gas che possono uccidere intere città, alla minaccia di una guerra di sterminio, che sarebbe diretta non tanto al fronte, quanto alle zone rurali; alle conseguenze politiche ed economiche di una tale guerra per vincitori e sconfitti.

Questa propaganda deve aiutare la debole memoria umana e la debole immaginazione umana: se la gente avesse più immaginazione, non ci sarebbe più guerra. La voglia di vivere sarebbe il più forte alleato del pacifismo.

Gli istinti bellici sono rozzi e primitivi, gli interessi bellici sono problematici e pericolosi, gli ideali di guerra sono falsi e superati.

Equiparano falsamente la guerra al combattimento, i guerrieri agli eroi, l'inimmaginazione al coraggio, la paura alla codardia.

Vengono da un'epoca perduta, da condizioni che sono state superate. Un tempo sono stati plasmati da una casta di guerrieri e adottati dalle nazioni libere senza critiche.

Un tempo il guerriero era il custode della cultura, l'eroe di guerra era un vero eroe, la guerra era un elemento vitale delle nazioni il cui destino era deciso dal loro coraggio sul campo.

Da allora, la guerra è diventata incivile, i suoi metodi ignobili, le sue forme brutte; il coraggio personale non è più fondamentale: la misera bruttezza di un mattatoio di massa ha preso il posto della bellezza cavalleresca di un torneo di massa. La guerra meccanizzata di oggi ha perso per sempre il suo romanticismo.

Da un punto di vista etico, una guerra difensiva è un'autodifesa organizzata, una guerra offensiva è un omicidio organizzato. Peggio ancora: persone pacifiche sono costrette ad avvelenare e fare a pezzi altre persone pacifiche. Peggio ancora: persone pacifiche sono costrette ad avvelenare e fare a pezzi altre persone pacifiche.

La colpa di questo omicidio di massa istigato non ricade sugli esecutori, ma sugli istigatori. Negli Stati democratici questi istigatori sono i parlamentari favorevoli alla guerra e, indirettamente, i loro elettori. Pertanto, chi ha paura di commettere un omicidio dovrebbe pensare due volte a chi mandare in parlamento.

9. NUOVO EROISMO

Il rinnovamento dell'ideale dell'eroe attraverso il pacifismo infrange l'arma principale della propaganda militarista. Infatti, nulla dà al militarismo un potere maggiore del monopolio dell'eroismo.

Il pacifismo si suiciderebbe combattendo l'ideale eroico; perderebbe tutti i suoi preziosi seguaci, perché la venerazione per l'eroismo è la misura della nobiltà umana.

Deve penetrare la consapevolezza che l'eroismo di Cristo è una forma evolutiva superiore all'eroismo di Achille e che gli eroi fisici del passato sono solo i precursori dell'eroe morale del futuro.

Nessun pacifista onesto cercherebbe di uccidere l'eroismo di uomini che hanno messo in gioco la loro vita per i loro ideali al di là del servizio militare obbligatorio; che hanno volontariamente messo da parte la felicità della loro famiglia, il loro comfort, la loro sicurezza e la loro salute per compiere il loro dovere. Il loro eroismo non è influenzato dalla questione se sia nato da presupposti falsi o corretti. Nulla sarebbe più meschino della derisione di questo tipo di eroismo.

L'opposto di questi eroi sono i demagoghi che promuovono la guerra nelle assemblee, nelle redazioni e nei parlamenti e poi, lontano dal fronte, si servono di questo eroismo.

Il tentativo di alcuni militaristi di monopolizzare l'eroismo per il partito della guerra è altrettanto disonesto del tentativo di alcuni nazionalisti di monopolizzare lo spirito nazionale.

Perché chi vuole preservare il suo popolo dalla più grande catastrofe della storia mondiale è patriottico almeno quanto chi spera in un nuovo potere attraverso una guerra vittoriosa; il primo costruisce sull'errore, il secondo sulla verità.

Oggi, in alcuni Paesi europei è più rischioso combattere per la pace che per la guerra: in questi Paesi i pacifisti dimostrano un coraggio eroico maggiore dei guerrafondai.

L'insulto più grave e ingiusto a una nazione è quando un grado, come quello di ufficiale, monopolizza il carattere eroico: perché c'è eroismo in ogni professione, eroismo tranquillo e grande, senza fama, senza romanticismo e senza una facciata scintillante; l'eroismo del lavoro e della mente, l'eroismo della maternità, l'eroismo della convinzione.

E chi studia le biografie di grandi artisti, pensatori, ricercatori, inventori e medici, capirà che esiste un eroismo diverso da quello dei guerrieri e degli avventurieri.

È eroe chi sacrifica il proprio interesse per il proprio ideale: maggiore è il sacrificio, maggiore è l'eroismo.

Chi non ha paura non è eroico, ma privo di immaginazione. Solo colui che agisce in modo eroico, che supera la paura per il suo ideale: più grande è la paura, più grande è il suo superamento e il suo eroismo.

L'Europa si è liberata dal dominio del feudalesimo, ma non da quello dei valori feudali. Di conseguenza, l'ideale eroico è diventato intempestivo e marcio come il concetto di onore. Solo un rinnovamento può salvarlo.

L'onore di un essere umano e di una nazione dovrebbe essere determinato indipendentemente da azioni straniere ed essere determinato esclusivamente dalle proprie azioni.

Deve prevalere il principio che l'onore di una nazione non può mai essere violato dal fatto che la sua bandiera viene ammainata da qualche ubriaco, ma solo dal fatto che i suoi giudici sono di parte, i suoi funzionari possono essere corrotti e i suoi uomini di Stato non mantengono la parola data; che bandisce o uccide i suoi figli migliori, provoca i vicini più deboli, opprime le minoranze, trascura i suoi obblighi e rompe i suoi accordi.

Grazie a questo nuovo codice d'onore, tutte le dispute che dividono le nazioni e le spingono alle guerre cesseranno naturalmente: ogni nazione, infatti, considererà il proprio onore fare qualcosa per gli altri, non per onorarli, ma per preservare o ripristinare il proprio onore nazionale. La soddisfazione di questo codice potrà poi essere facilmente determinata dall'arbitrato.

Il pacifismo deve educare all'*eroismo della convinzione* l'educazione presente e futura. La menzogna e la viltà sono state la causa dello scoppio della guerra, l'hanno alimentata e sostenuta, e alla fine hanno messo la loro impronta anche sulla pace. Ecco perché la lotta contro la menzogna è anche una lotta contro la guerra. L'eroismo della pace diventa eroismo della mente, della convinzione, dell'autocontrollo; solo così potrà trionfare sull'eroismo dei militaristi.

L'eroismo della pace è più difficile e più raro di quello della guerra. È più difficile dirigere le proprie passioni che la propria squadra, più difficile disciplinare il proprio carattere che un esercito di reclute. E molti che potrebbero facilmente conficcare una baionetta nel corpo di un nemico, non trovano il coraggio di ammettere le proprie convinzioni a un amico. Questa vigliaccheria morale è il terreno di ogni demagogia, compresa quella militarista: per paura di apparire vigliacchi, milioni di persone oggi negano il loro pacifismo interiore, preferendo essere vigliacchi piuttosto che apparire tali.

La vittoria dell'idea di pace è intimamente legata al trionfo dell'eroismo morale, che è disposto a sacrificare tutto tranne la propria convinzione e a mantenersi puro contro tutti i tentativi di persuasione, estorsione e corruzione in un'epoca impura.

Questi eroi della pace dovrebbero essere organizzati in un esercito di pace volontario in tutte le nazioni europee.

Questo esercito di pace dovrebbe essere reclutato tra gli eroi che rifiutano la guerra come mezzo politico barbaro e insensato e come nemico dell'umanità, e che sono sempre pronti a sacrificarsi per le loro convinzioni pacifiste.

In primo luogo, questi guerrieri della pace dovrebbero essere propagandisti e agitatori che diffondono le loro idee ai milioni di persone che vogliono la pace. Ma l'esercito della pace deve anche essere pronto a intervenire nel momento cruciale contro la guerra e a salvare la pace con il suo intervento attivo.

In prima linea di questo esercito dovrebbero esserci uomini che combinano un'intuizione da statista con una volontà di pace inflessibile e incrollabile.

Solo se alla testa di questi combattenti ci saranno leader di questo tipo, l'Europa potrà sperare di non essere mai più invasa e martoriata dalla guerra.

Altre pubblicazioni

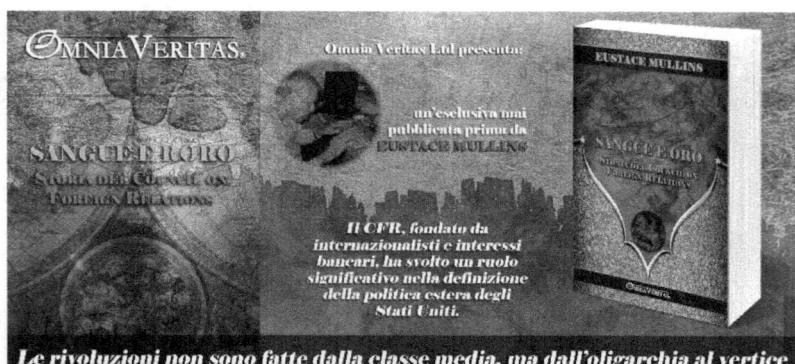

Idealismo Pratico

Idealismo Pratico

www.ingramcontent.com/pod-product-compliance
Lightning Source LLC
Chambersburg PA
CBHW050803160426
43192CB00010B/1622